BENUT JOU POTENSIAAL

Jy's sterstof!

KOBUS MAREE

J L van Schaik

Uitgegee deur J.L. van Schaik Uitgewers,
Arcadiastraat 1064, Hatfield, Pretoria

Eerste uitgawe 1995
ISBN 0 627 02022 4
Omslagfoto deur David Malin, vanuit die Anglo-Australian Observatory

Omslagreproduksie deur A1Graphics
Illustrasies deur Wendy Brittnell
Geset in 10/12 pt Optima deur A1 Graphics, Pretoria
Gedruk en gebind deur Nasionale Boekdrukkery, Goodwood, Kaap

VOORWOORD

Die Bybel vertel heelwat van Christus se geboorte en die laaste drie jaar van Sy lewe, maar weinig van wat tussenin gebeur het. Slegs een betekenisvolle vers omskryf Sy grootwordproses, nl. Lukas 2:52: *En Jesus het verstandelik en liggaamlik gegroei en in guns by God en die mense toegeneem.* Hiermee vertel die Skrif dat Hy intellektueel, fisiek, geestelik en sosiaal ontwikkel het as die volmaakte gebalanseerde mens.

Diagrammaties kan dit só voorgestel word:

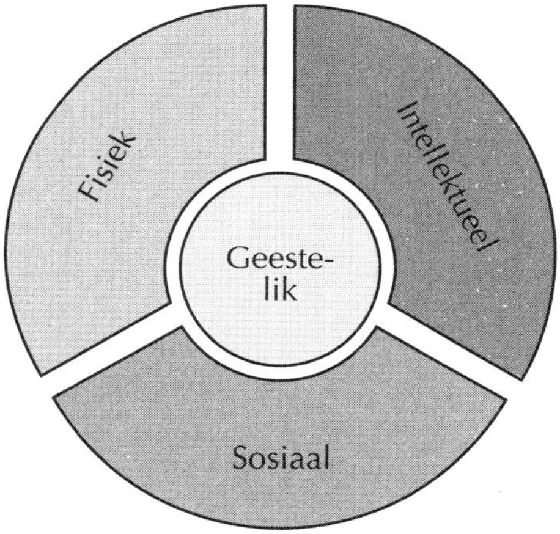

In hierdie boek behandel die skrywer die essensie van die drie buitesegmente met gereelde verwysings na die binnesirkel. Op ingeligte, verantwoordelike en inspirerende wyse word die leser daarop gewys hoedat die mens, hierdie unieke "verskynsel" op die planeet aarde, kan streef na die voltooiing van die buitesirkel met Christus as die middelpunt.

Die sterstof kan 'n ster word, soos wat dit oorspronklik bedoel was.

Louw Alberts

Dit maak nie saak hoeveel talente jy ontvang het nie.
Dit maak slegs saak wat jy daarvan maak.

INHOUD

Vir Anton, wat sterstof is

VAN DIE SKRYWER

Ek het met hierdie boek geen ander agenda nie as dié een wat my hele lewe rig: om in die klein deeltjie tyd wat God aan my geskenk het op my eie manier van my wêreld 'n beter plek te maak. My belangrikste kwalifikasie is immers dat ek my hele lewe lank in dankbaarheid mag deurbring; dankbaar omdat ek in die lig van die helderste van alle sterre lewe, die helder Môrester waarvan die Bybel in Openbaring 22 vers 16 praat: Jesus.

Ek glo dat ons taak hier veel verder strek as om akademiese en ander verrykingskursusse aan te bied of by te woon, of om ons en ons kinders se denkvaardighede en kreatiwiteit te stimuleer. Dit is veral belangrik om in empatiese, simpatieke, betrokke, toegewyde mense te ontwikkel – mense wat hulle gawes en talente ter wille van eie selfverwesenliking ontwikkel, en dit ook in belang van die breër samelewing aanwend. Dit is nodig dat ons sensitief sal word vir die knellende probleme van ons wêreld – probleme soos hongersnood, oorlog, armoede, die vernietiging van kernarsenale, rasse- en stamkonflikte, omgewingsbesoedeling, persoonlike en gemeenskapsgesondheid, bevolkingsgroei, werkverskaffing en lewenskwaliteit. Hierdie soort sensitiwiteit kan kleintyd reeds aangekweek word. As dít gebeur, kan dit ontwikkel in 'n kreatiewe krag wat uiteindelik 'n hele lewe rig.

Vanuit hierdie perspektief wil ek die inhoud van my boek met u deel. Vandag verstaan ek die bydrae wat my eie vader tot my ontwikkeling gemaak het. Hy het van elke geleentheid, hoe onbenullig dit ook al mog lyk, gebruik gemaak om my daarop te wys dat inisiatief en kreatiwiteit die verskil tussen besondere en mindere sukses kan beteken; dat hierdie lewe my niks skuld nie; dat die verantwoordelikheid vir my lewenskeuses per slot van sake my eie is. Hy het my geleer dat goeie werk sy ambagsman adverteer, 'n swak ambagsman sy werk; dat dit groter is om oor die wêreld en sy kwessies te praat as oor mense; dat deursettingsvermoë, geroepenheid, motivering, die wil om te presteer eindelik die faktore is wat my deur die lewensdrifte sal help. Bowe-al: dat God altyd daar is, dat ék ter wille van die wonder van Jesus se boodskap aan die wêreld iets skuld en nie andersom nie, om die mens te wees wat ek kan wees, om die wêreld 'n beter plek te laat wanneer ek eenmaal hier weg is, hoe gering my bydrae ook al mag wees.

Myns insiens is die finale toets vir selfverwesenliking daarom dié vraag: Hoe helder skyn die Môrester in iemand se lewe?

Our birth is but a sleep and a forgetting:
The Soul that rises with us, our life's Star,
Hath had elsewhere its setting,
And cometh from afar:
Not in entire forgetfulness,
And not in utter nakedness,
But trailing clouds of glory do we come
From God, who is our home:
Heaven lies about us in our infancy!

Ode: Intimations of Immortality
William Wordsworth

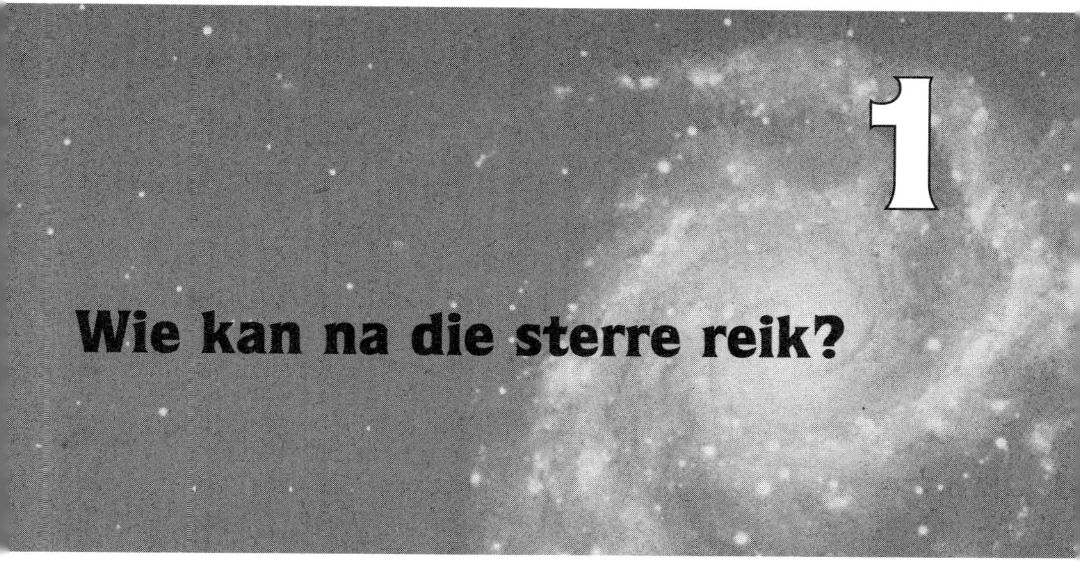

1

Wie kan na die sterre reik?

Wie is ek? Wat kan ek van my naaste verwag? Wat mag hulle van my verwag?

Die sterre en ons

Die uitspansel het altyd vir die mens 'n bepaalde betowering ingehou. In die vorige eeue is die sterre dikwels as gode beskou. Eeue lank het mense die sterre gesien as die woonplek van verhewe, onsterflike, heilige wesens, die sfeer vanwaar ons gees kom en waarheen dit eindelik sal terugkeer. Tydens die geboorte van Jesus Christus het sterrekundiges geglo dat die verskyning van 'n blinknuwe ster die geboorte van 'n uitstaande persoonlikheid aankondig. Daarom kon die drie Wyse Manne die verskyning van die helder nuwe ster van Bethlehem onmiddellik destyds interpreteer as 'n bewys daarvan dat 'n besonder belangrike, uitnemende persoonlikheid gebore is.

Verskillende kulture het verskillende beskouinge oor die hemelliggame gehuldig.

Vandag nog glo party steeds dat die sterre ons lot bepaal, terwyl ander dit as 'n ongegronde en ongesonde beheptheid met die uitspansel beskou. Die laaste woord hieroor is sekerlik nog lank nie gespreek nie.

Ten diepste het hierdie bekoring egter minstens te make met die intuïtiewe wete dat daar dinge is wat, soos die sterre, oneindig hoër en grootser is as dit wat ons aldag sien. Hierdie wete fassineer ons almal sonder dat ons altyd bewustelik daaraan dink.

Mense wat uitnemend presteer, word ook dikwels "sterre" genoem, omdat hulle uitstyg bo die gewone en ongeëwenaarde hoogtes bereik.

Boonop vertel wetenskaplikes ons vandag dat ons almal sterstof in ons omdra. Ons hele sterrestelsel met al die planete daarin, het hoofsaaklik uit waterstof ontstaan, waaruit ons eie liggame ook grootliks bestaan. Die sterre is as 't ware die kookpot van alle elemente: die atome waaruit ons liggame gevorm is, is inderdaad biljoene jare gelede in die sterre gevorm. Ons is inderdaad kinders van die groot heelal – sterstof.

Ons is ook sterstof

Soos elkeen van ons konkrete sterstof in ons ronddra, besit ons dit in 'n nie-tasbare sin. Die uitspansel, die heelal – alles is die werk van die Skepper, wat Homself in Jesus Christus geopenbaar het – die "helder Môrester" waarna die Bybel verwys. Ten diepste, glo ek, is dit Hom na wie ons reik, van wie ons kom en tot wie ons ons almal eendag sal keer.

Sterre van toe tot nou

Uit die geskiedenis is daar talle voorbeelde van "gewone" mense wat uitgestyg het en "sterre" geword het. Hoewel vroeë beskawings soos die Sumeriërs, die Chinese, die Babiloniërs en die Egiptenare geglo het dat die aarde plat en die sentrum van alles is, het 'n aantal Griekse wetenskaplikes reeds in 600 v.C. op sistematiese wyse die geheime van die sterrestelsel begin ontrafel.

Aristarchus en Hipparchus het die mening uitgespreek dat die aarde om die son, maar ook om sy eie as wentel en dat die son, en nie die aarde nie, die middelpunt van die planetêre stelsel is. Uitsonderlike prestasies gaan altyd met groot opofferings en moed gepaard. Teen 1600 het die Roomse kerk 'n geestelike, Bruno, lewendig verbrand omdat hy gesê het dat die heelal ook ander bewoonde planete bevat. Kepler is uit die kerk verban en verdoem tot bankrotskap omdat hy beweer het dat die bewegings van planete fisiese wette volg. Galileo het in ongeveer 1610 teleskope gebruik om sy teorie te staaf dat die son, en nie die aarde nie, die middelpunt van ons planetêre stelsel is. Hy is op histeriese wyse deur die kerk vervolg. Sy opmerking "Die Bybel wys ons die weg na die hemel en nie die weg wat die hemele volg nie" het op dowe ore geval. Hy is tot huisarres verdoem en het eindelik in 1642 as 'n vernederde en gebroke man gesterf. 'n Eeu later het die Roomse kerk sy teorieë aanvaar.

Daar is talle inspirerende voorbeelde van mense wat bo die moeilikste omstandighede uitgestyg en "sterre" geword het.

Einstein het ernstig aan depressie gely, was vir die grootste deel van sy lewe ernstig siek en het brandarm en in besonder ongelukkige omstandighede grootgeword. Newton het ernstige, raaiselagtige siektes (beskryf as slaaploosheid en senusiekte) onder lede gehad en is geteister deur depressie. Darwin was bykans altyd siek en Freud het swaar aan ernstige fisieke en psigosomatiese siektes gely. Nadat Beethoven sy Negende Simfonie uitgevoer het, kon hy weens sy doofheid nie die dawerende applous hoor nie. Iemand moes aan hom stoot om hom van die gehoor se reaksie bewus te maak.

Martin Luther het in verset gekom teen sy kerk se leer. Dit is interessant dat daar van hom geskryf word: "Sy oë het geskitter en geskyn soos sterre ..." Die hoogtepunt van sy "opstand" was 31 Oktober 1517, toe hy sy 95 stellings teen die kerkdeur in Wittenberg gespyker en die kerkgeskiedenis finaal verander het. Moeder Teresa van Kalkutta is vir baie die hedendaagse simbool van menslikheid en naasteliefde.

Plaaslik is daar ook die moed en visie van F.W. de Klerk om 'n nasie van die rand van 'n potensiële afgrond weg te lei, die grootse bereidwilligheid tot versoening van Nelson Mandela wat 27 jaar in 'n tronk deurgebring het ter wille van sy oortuiginge.

Mense wat weet dat hulle sterstof is, kan inderdaad die "onmoontlike" soms laat gebeur.

Sterre in die lig

Ook "gewone" mense doen soms uitsonderlike dinge, styg uit deur dade wat nooit die voorblaaie sal haal nie en waarvoor hulle selde erkenning ontvang. Ek weet van 'n student wat Sondae bejaardes in 'n inrigting besoek; 'n seun wat uit sy eie klerekas 'n koerantverkopertjie klee; 'n swart vrou wat haar vetkoek met honger straatkatte en duiwe deel; 'n mediese student wat sy kreupel maat na rugbywedstryde abba; 'n seun wat koerante verkoop om vir sy eie klere te betaal omdat sy vader 'n alkoholis is, sonder om ooit sy pa te verkwalik; 'n sportheld wat, ver van die kamera se lens, kankerpasiëntjies besoek; 'n moeder wat haar afsloof om vir haar kinders se opvoeding te betaal. Dit is hierdie onbesonge, maar suiwer dade waaruit die sterkwaliteit in mense se lewens dikwels die duidelikste blyk.

Volg jou eie ster

Dit is selde maklik om jou "eie ster te volg". Dit is immers veel eenvoudiger om 'n ander te bewonder, om te volg. Om jou eie ster te volg, impliseer ook 'n mate van isolasie en opoffering. Jy weet dalk nie presies waarheen om te gaan nie; jy moet dalk van die gebaande weë afwyk.

Die betekenisvolste ontwikkeling in die siening van die mens is ongetwyfeld die feit dat ons hom vandag wil sien in terme van wat hy kan word, eerder as in terme van wat hy is. Ons probeer sien wat hy kán bereik, eerder as wat hy reeds bereik het. Dit gaan vandag in die eerste plek om die hoogste vlak van selfverwesenliking wat elkeen kan bereik – liggaamlik, sosiaal, verstandelik en geestelik.

Selfverwesenliking is nie alleen die resultaat van verstandelike, rasionele of intellektuele ontwikkeling nie. Waar filosowe vroeër gemeen het dat daar 'n "botsing" tussen die menslike rede en sy emosies, gees en wil is, weet ons nou dat daar nie tweespalt tussen hierdie aspekte behoort te wees nie. Die gesondste mens wat die hoogste vlak van selfverwesenliking behoort te bereik, is die een by wie hierdie dinge in harmonie saamwerk. Daar is talle voorbeelde van "sterre" wat dit bewys.

'n Berig uit *Pretoria News* van 23 Maart 1994, illustreer dit. Dit beeld die verhaal van Ben Carson, die swart Amerikaanse breinchirurg wat 'n span geneeskundiges gelei het tydens die skeiding van die Makwaeba-tweeling in die Ga-Rankuwa Hospitaal, uit. Geen wonder nie dat hy in Amerika voorgehou word as rolmodel vir swart kinders. Ben Carson is in een van die armste huise in Detroit gebore. Toe hy agt jaar oud was, het sy moeder sy vader uit die huis geskop. Op laerskool was sy uitslae gemiddeld tot swak. Ook sy humeur was só vurig dat hy telkens in gewelddadige gevegte betrokke was. Op 'n keer het hy 'n skoolmaat met 'n mes bygedam. Dit was die keerpunt in Carson se lewe. Die mes het die gespe van sy maat se gordel getref en weggeskiet, en 'n ernstige besering is afgeweer. Ben het daar en dan besluit om die koers van sy lewe te verander. Hy het begin presteer en beurse verwerf vir sy mediese studie. Op 33-jarige ouderdom was hy reeds direkteur van pediatriese neuro-chirurgie aan een van Amerika se voorste mediese fakulteite.

Hoe bereik enigeen die sterre in sy lewe? Gewoon, glo ek, deur oefening en nogmaals oefening.

Daarby moet 'n mens weet dat alle mag nie in jou hande lê nie. God is ook aan die werk; Hy kan alles doen. 'n Mens moet jou lewe, ook jou beste pogings en strewe, aan Hom voorlê en oorlaat en Hom vertrou om sy doel met jou te bereik.

Waarop dui die sterre in jou lewe?

Ten diepste gaan dit daaroor dat jy God in jou lewe gestalte laat aanneem. Dit is my eerlike oortuiging dat elke mens iets van God in homself het en 'n Goddelike opdrag het om daardie iets te ontgin – ter wille van homself, sy medemens en, bowe-al, ter wille van sy Skepper. Ons vergeet so gerieflik die oorspronklike doel waarvoor die mens geskape is – om as God se verteenwoordiger hier op te tree. Daarvoor is ons immers na Sy beeld geskape!

Dit is interessant om te lees hoe diegene wat dit "gemaak" het hulle eie vordering beskryf:

> From the breadlines to the headlines.
>
> en
>
> Ek wou nog altyd iets meer as niks wees.

My eie raad: reik altyd na jou drome en moenie opgee voordat jy hulle verwesenlik het nie.

'n Ware wenner probeer om dit wat hy doen, korrek te doen – nie in die eerste plek ter wille van die finansiële voordele daaraan verbonde nie: in tennis speel hy nie in die eerste plek om te wen nie maar eerder om die hou wat hy op daardie oomblik speel, korrek uit te voer; in die akademie studeer hy om kennis in te win, nie om grade te vergaar nie; in musiek speel hy om die instrument te bemeester – nie om ander te beïndruk nie.

Wat kan ek as kind van my ouer verwag – en andersom?

Ek wil vir elke kind sê: Jy het die reg om te verwag dat jou ouers na my advies sal luister en jou elke denkbare vorm van hulp en steun sal gee in hierdie lewe. Maar jy moet ook weet: in die laaste instansie maak jy die belangrike keuses in jou lewe self, met die hulp en steun van die ander belangrike mense in jou lewe. Om vir die res van jou lewe jou ouers te wil blameer vir jou ongeluk en mislukkings, deug eenvoudig nie. Die een onlangse studie ná die ander toon dat ouers, en by name ma's, nie noodwendig die "skuldiges" is wanneer hulle kinders nie die sterre in hulle eie lewens bereik nie: jy bly uiteindelik die dirigent van jou eie orkes. Jy het die reg op onvoorwaardelike liefde van jou ouers – maar gewis nie die reg op onvoorwaardelike aanvaarding van al jou dade en woorde nie. Jy moet verwag dat jou ouers onaanvaarbare gedrag en woorde sterk sal afkeur, maar dat hulle te alle tye vir jou lief sal bly. Jou dade mag verwerp word – jy nooit nie.

Blocher sê dat elke mens die volgende in gedagte moet hou indien hy[1] die "hoë morele grond" in sy lewe wil betree en behou:

1. Betoon respek vir menslike lewe in die algemeen.
2. Respekteer die waarheid onder alle omstandighede.
3. Gun ander hul privaatheid.
4. Plaas 'n hoë premie op ander se vryheid, onafhanklikheid en outonomie.
5. Kom jou beloftes en verpligtinge na.
6. Wees sensitief vir die behoeftes van hulle wat swak, weerloos of hulpeloos is.

1 Om praktiese taaloorwegings verwys ek in hierdie boek deurgaans na "hy" en "hom" wanneer ek na 'n kind/mens verwys. Dit word slegs ter wille van bondigheid gedoen en die leser kan ewe goed "sy" en "haar" lees.

7. Doen wat jy kan ter bevordering van ander se groei en ontwikkeling.
8. Stel jou daarop in om andere nie te kwets, seer te maak of te benadeel nie.
9. Duld geen skending van ander se waardigheid en gelykheid nie.
10. Voer die beginsels van dankbaarheid, erkentlikheid, kompensasie en goedmaak van skuld uit.
11. Verdedig menslike vryheid, die ander se reg om stylvol van jou te verskil, met jou lewe indien nodig.

Inderdaad verhewe ideale – maar steeds baie bereikbaar. Diegene wat dit regkry om hierdie beginsels in hul eie lewens te verwerklik, slaag myns insiens op 'n manier reeds daarin om daardie stukkie Goddelikheid wat in elke mens is, ten toon te stel.

Wie is jy as ouer? Wie is jou kind? Wie is jy as kind?

Wie is jy as ouer? Wie is jou kind? Wie is jy as kind? Wat geld vir enige kind – seun, meisie[2], swart, bruin, wit, geel, groot, klein, intelligent, minder intelligent, atleet, minder atleties aangelê, aantreklik, minder aantreklik, rats, lomp, vet, maer? (Terloops onderwysers[3], sielkundiges en ouers is dikwels verbaas om te verneem in watter mate ons meisies, swartes en bruines bewustelik en onbewustelik as minderwaardig ten opsigte van die deursnee wit seun beskou!)

Ek wil dit in die volgende paar stellings saamvat:

- *Kinders is mense.* Dit is tragies om dit te moet erken, maar as volwassenes vergeet ons dikwels hierdie belangrike feit.
- Mense is die heel belangrikste entiteite op aarde. *Elke mens dra by tot die begrip menslikheid.*
- *Elke persoon is uniek en onvervangbaar.*
- *Wanneer enige enkele mens te na gekom word, raak dit uiteindelik die hele mensdom.* Fisieke dood is nie die enigste vorm van dood nie; wanneer enige mens daartoe gedwing word om minder van homself te dink, om sy eie potensiaal te ontken, sterf hy ten dele. Indien hierdie

2 Van meisies gepraat: Shaugnessy en Fickling sê duidelik dat meisies soms uit sosiale oorweginge doelbewus *nie goed wil doen in intelligensietoetse nie* , terwyl Stewart se navorsing weer duidelik aan die lig gebring het dat onderwysers konsekwent beter met meisies as met seuns kommunikeer.

3 Die term verwys deurgaans na leerkrag/onderwyser/onderwyseres/dosent.

ongelukkige toestand voortduur, word die individu oneffektief en nie in staat om homself of andere te verbeter nie.

- *Ons kinders is intakt wanneer ons hulle ontvang.* Dit beteken egter nie dat hulle nog steeds intakt is wanneer hulle die lewe daarbuite betree nie – meer kinders word defek *gemaak* as gebore. As ons die innerlike self van kinders so duidelik soos die uiterlike self kon sien, sou ons harte na hulle uitgaan. Ons is geneig om die liggaamlik gestremdes te bejammer, maar die geestelik gestremdes mis te kyk of selfs te blameer.

  Het jy al van die sogenaamde *"squeaky wheel syndrome"* gehoor? Dit beteken dat ons geneig is om die opvallende kind, of hy nou stout, gestrem, skeel, siek, gerem of gebreklik is, raak te sien (ons hoor die gepiep van sy rolstoel en erken sy behoefte aan aandag en hulp) terwyl ons die minder opvallende geremde (die terneergedrukte outjie, die een uit 'n gebroke huis, die oordrewe soet een, die swyger, die eenkantkind, die stille presteerder) miskyk – hy het mos geen irritasiewaarde nie.

- *Elke mens beskik oor die vermoë om lewenslank ten goede te verander.* As dit waar was dat ons ná vyfjarige ouderdom min vir ons kinders kan doen, sou daar geen behoefte aan ouers, onderwysers, sielkundiges en predikante gewees het nie. Die moontlikheid van verandering gee aan elke ouer en onderwyser 'n rede om te bestaan. As die onderwyser se taak bloot was om mensies wat reeds beskadig is te leer lees, skryf en reken, en daarna feite in hulle koppe in te dril, sou die lewe inderdaad baie oninteressant gewees het! Wanneer hul taak egter gesien word as die opgawe om beskadigde mensies te neem en aan hulle maniere van groei en selfvervulling te demonstreer, gee dit sin aan die opvoedings- en onderrigtaak.
- *Niemand doen enigiets met geesdrif en motivering tensy hy daarby betrokke is nie.*
- *Hoe 'n mens voel is belangriker as wat hy weet.* Gedrag word per slot van sake deur gevoelens en houdings beheer, en nie deur kennis nie.
- *Vryheid is 'n voorvereiste vir menswees.* 'n Kind wat presies voorgesê word wat hy moet doen, wat dopgehou word terwyl hy dit doen, getoets word om te sien of hy dit reg doen, en veroordeel word wanneer hy nie aan die eise voldoen nie, ken geen vryheid nie.
- *Alle vorms van diskriminasie, eksklusiwiteit en segregasie is 'n misbruik van mag en is uit die bose.*
- *Elke vorm van verwerping is boos.*

- *Ons taak is om beter mense te help skep.* Kennis op sigself maak nie noodwendig van kinders beter mense nie. Wanneer oormatige dwang gebruik word om kennis by 'n kind in te dril, beskadig dit sy psigologiese self en takel dit sy selfbeeld af. Namate 'n mens se selfbeeld verswak, word dit vir hom makliker om te haat as om lief te hê.

2

Die eerste tree na die sterre in jou lewe

> Maslow se hiërargiese behoefteleer of -struktuur is 'n nuttige manier om enige mens se leer na die sterre visueel voor te stel. Die mens se mees basiese fisiologiese behoeftes lê op die eerste sport van die leer.

As daar een sinvolle taak is om ons mee te bemoei, is dit myns insiens dat ons diegene wat aan ons sorg toevertrou is, goed sal leer ken. Sodoende help ons hulle om hulself te leer ken, met hulle sterk en swak eienskappe. Eers dan kan hulle bepaal waarvoor hulle kan mik in die lewe. Dan is dit dus ons taak om elke moontlike weg te vind waarlangs hulle op hulle eie, unieke manier na die sterre in hul lewens kan reik. Dit dui in die eerste plek op 'n weg na optimale selfverwesenliking, met ander woorde op 'n weg na die hoogste vlak van ontwikkeling wat elkeen kan bereik.

Die mees basiese behoeftes volgens Maslow

Volgens Maslow is slegs 'n selfverwesenlikende persoon 'n *volle* menslike wese. Maslow het 'n model of leer ontwerp waarvolgens hy tussen 'n individu se behoeftes onderskei:

Op die heel onderste sport van die leer is die *fisiologiese behoeftes* (honger, dors, ens.). *Veiligheid* lê op die tweede sport. Die volgende sport verteenwoordig die behoefte om *liefde te gee en te ontvang*. Op die vierde sport ontwikkel die behoefte aan *erkenning*. Die heel hoogste sport is dié van *selfverwesenliking*.[1]

1 Die behoefte om die verstand te ontwikkel en die behoefte aan die mooie.

Maslow het dit beklemtoon dat die hoogste behoeftes die laer behoeftes in belangrikheid oortref – maar dat selfverwesenliking of intelligensieverwerkliking verberg of gestrem word wanneer die laer behoeftes nie bevredig word nie. Geen mens kan dus na die verste sterre reik as sy basiese behoeftes nie behoorlik bevredig word nie.

Meer onlangse navorsing sluit hierby aan. Ons taak strek veel verder as om akademiese en ander verrykingskursusse vir (begaafde) leerlinge aan te bied, of om hulle denkvaardighede en kreatiwiteit te stimuleer. Dit is veral belangrik om hulle te help om in empatiese, simpatieke, betrokke, toegewyde mense te ontwikkel – mense wat hulle gawes en talente ter wille van eie selfverwesenliking ontwikkel, en dit ook in belang van die breër samelewing aanwend. Dit is nodig dat ons mense sensitief moet maak vir die knellende probleme van ons wêreld – probleme soos hongersnood, oorlog, armoede, die vernietiging van kernarsenale, rasse- en stamkonflikte, omgewingsbesoedeling, persoonlike en gemeenskapsgesondheid, bevolkingsgroei, werkverskaffing en lewenskwaliteit.

Wat is jou belangrikste fisiologiese behoeftes?

Wat ek verder in hierdie afdeling gaan sê, moet gelees word teen die agtergrond van realisme en balans.

Realisme

Jy hoef nie 'n miljoenêr te wees en die duurste kos en vitamienaanvullings te koop om gesond te lewe nie; dit word ook nie van almal verwag om aan die Comrades deel te neem om te bewys dat ons erns maak met fiksheid nie. Die redelike stem sê vir ons dat elke mens sy eie omstandighede so moet inspan dat hy die meeste daarby baat. Dit is binne verreweg die meeste van ons se vermoë om 'n relatief gesonde lewe te lei, tot na aan die einde van ons lewens.

Goeie gewoontes is by uitstek 'n manier om hierdie doelwit te bereik. As iemand gewig wil verloor, dan doen hy dit met die steun van ander en oor 'n redelike tydperk. En dit loon om te onthou dat slegte gewoontes afgeleer kan word – veral wanneer jy 'n goeie gewoonte in die plek daarvan aanleer. In die woorde van Erasmus: "'n Spyker verdring altyd 'n ander spyker." 'n (Slegte) gewoonte word oorwin deur 'n ander (beter) gewoonte.

Balans

Die ou gesegde "'n gesonde liggaam huisves 'n gesonde gees" geld vandag net soveel as wat dit vir die Spartane waar was. As jy jou liggaam vol dwelms pomp, drank gereeld misbruik, van jou keel 'n skoorsteen maak, dan moet jy weet dat jou liggaam iewers die prys vir hierdie buitensporighede sal betaal – en dat jou gees eindelik die meeste daaronder sal ly; gewoonlik wanneer dit te laat is vir remediëring.

Ons almal erken 'n mens se basiese behoefte aan belangrike voedingstowwe. Goeie gewoontes insluitend 'n gesonde leefstyl, genoeg oefening en gesonde eetgewoontes is een magtige metode waardeur elke mens sy wêreld beter kan hanteer, om die uitdaging van hierdie lewe die hoof te bied. 'n Mens het immers grootliks beheer oor jou eie gewoontes: jy besluit om agt glase water per dag te drink of nie, om te rook of nie, om alkohol te misbruik of nie. Al is dit hóé waar dat nie almal van ons ewe goed daartoe in staat is om elke dag die korrekte hoeveelheid van die korrekte voedselsoorte in te neem nie, bly dit ook waar dat ons almal kan kies vir of teen die gebruik van dwelms en drank. Enkele praktiese wenke in verband met gesonde eetgewoontes sluit die volgende in:

- Beperk die inname van botter, kaas, room, margarien, vetterige vleis, wors, verwerkte vleis, pasteie, koeldrank, alkohol, sjokolade, neute en voedsel wat suiwer suiker bevat. Om die waarheid te sê, dit is raadsaam om suiker in tee en koffie geheel en al weg te laat.
- Vermy sigarette (om van dwelms nie eens te praat nie).
- Eet altyd ontbyt.
- Eet liewer ses tot agt kleiner maaltye per dag as drie groot maaltye, veral as jy geneig is tot 'n aanhoudende gepeusel tussen maaltye.

Wat het die menslike liggaam elke dag nodig?

In sy boekie *Dieet en voeding* sê Jackson dat verstandige eet- en drinkgewoontes die grondslag lê vir goeie gesondheid.

Daar is twee belangrike soorte vitamines – dié wat in vette en olies oplos (vitamines A, D, E en K) en dié wat in water oplos. Wateroplosbare vitamines is vitamine C en die agt vitamines wat die vitamine B-kompleks uitmaak. Die benaming van die B-vitamines is ingewikkeld. Vir sommige word chemiese name gebruik, terwyl die ou benaming "B-vitamine" ander aandui – byvoorbeeld vitamine B_{12}. Die algemeenste benaming word in die vitaminetabel (pp. 14–16) gebruik met die ander benaming tussen hakies.

- Sommige vitamines ontstaan vanweë die werking van bakterieë in die dermkanaal. Daarom is dit onmoontlik om die daaglikse vereistes wat gesondheid sal verseker, vas te stel. 'n Tekort aan dié vitamines ontstaan feitlik nooit.
- Vitamine D kan ook deur die liggaam vervaardig word deur die inwerking van sonlig op cholesterol in die vel.

Eenhede: Die daaglikse vereistes word in milligram (mg) – een milligram is 'n duisendste van 'n gram – aangegee.

Jackson verskaf die volgende tabelle waarmee hy aantoon watter voedselsoorte en hoeveel van elk die menslike liggaam daagliks benodig:

Vitaminetabel

Vitamine	Funksie	Bronne	Daaglikse vereiste
A (Retinol)	Nodig vir gesonde vel, oë, bene en tande.	Suiwelprodukte, vis en lewer; ook groen, rooi en geel groente.	1 mg
D (Kalsiferol)	Beheer die liggaam se opname van kalsium – noodsaaklik vir sterk bene en tande.	Suiwelprodukte, vis, veral vis- en lewerolie.	10 mg
E (Tokoferol)	Waarskynlik deur die liggaam benodig om vette te gebruik vir selbou.	Ontbytgraankos en plantaardige olie.	8 mg
K	Noodsaaklik vir die stolling van bloed.	Blaargroente; ook deur sekere bakterieë in die dermkanaal vervaardig.	Onbekend
Tiamine (B_1)	Noodsaaklik sodat selle koolhidrate behoorlik verbrand. 'n Tekort lei tot probleme van die hart en senustelsel.	Volgraanprodukte, vleis, neute, peulgroente en talle ander groente.	Tot 1,5 mg

Vitamine	Funksie	Bronne	Daaglikse vereiste
Riboflavine (B_2)	Die weefsel se gebruik van suurstof hang van riboflavine af. 'n Tekort lei tot velprobleme.	Suiwelprodukte, vis, lewer, pluimvee en groen groente.	Tot 1,5 mg
Nikotinesuur (Niasine)	Ook deur die selle benodig om koolhidrate suksesvol te gebruik. 'n Tekort lei tot velprobleme.	Volgraanprodukte, lewer, suurdeeg en vleis.	Tot 18 mg
Piridoksine (B_6)	Hou die mondvoering, die tande en die tandvleis gesond. Senuwees, bloedvate en bloedselle het dit ook nodig.	Volgraanprodukte, suurdeeg, die meeste groentesoorte, vleis, pluimvee en vis.	1,5 mg
B_{12}	Noodsaaklik vir die vorming van rooibloedliggaampies.	Suiwelprodukte, eiers en vleis.	3 mg
Folinesuur	Noodsaaklik vir die vorming van bloedliggaampies.	Blaargroente, suurdeeg, vleis, pluimvee en vis.	Tot 400 mg
Biotin	Noodsaaklik vir 'n gesonde vel en bloedvate.	Vervaardig deur bakterieë in die dermkanaal; ook in eiergeel, afval en vars groente.	Onbekend
Pantoteensuur	Nodig om al die makrovoedingstowwe doeltreffend te gebruik.	Eiergeel, vleis, neute en volgraanprodukte; ook vervaardig deur bakterieë in die dermkanaal.	Onbekend

Vitamine	Funksie	Bronne	Daaglikse vereiste
C (Askorbinesuur)	Noodsaaklik vir allerhande weefselaktiwiteite, veral vir die vorming van sterk bene en tande; ook noodsaaklik vir die herstel van wonde.	Aartappels, sitrusvrugte, tamaties, sommige groente (veral rou groente) en ander vrugte soos aarbeie en spanspek.	60 mg

Mineraletabel

Mineraal	Funksie	Bronne	Daaglikse vereiste
Yster	Noodsaaklik vir die vorming van bloed; dit word ook deur weefsel benodig.	Eiers, vleis, lewer en afval.	10–15 mg
Kalsium	Nodig vir gesonde bene en tande, die stolling van bloed asook normale spier- en senuweeaktiwiteite.	Hoofsaaklik in suiwelprodukte; ook in sommige groentesoorte.	800 mg
Magnesium	Nodig vir baie selle se aktiwiteite en vir spier- en senuweeaktiwiteite.	Volgraanprodukte, peulgroente en neute.	500 mg
Kalium	Noodsaaklik vir alle selle; speel ook 'n rol in verskeie chemiese reaksies in selle.	Kom algemeen voor, maar veral in vrugte en groente.	2–3 g

Mineraal	Funksie	Bronne	Daaglikse vereiste
Fosfor (as fosfaat)	Soos kalium vir talle verskillende reaksies; ook noodsaaklik vir die berging van energie in die sel.	Kom algemeen voor, maar veral in vleis, suiwelprodukte, volgraanprodukte en peulgroente.	800 mg
Fluorine (as fluoride)	Noodsaaklik vir gesonde tande.	Water en tandepasta.	spoor
Jodium	Benodig deur die tiroïedklier.	Seekos en tafelsout.	110 mg
Koper	Benodig deur selle om suurstof behoorlik te benut.	Vleis, lewer en seekos.	1,5 mg
Sink	Nodig vir 'n aantal belangrike chemiese reaksies in selle.	Vleis, seekos, neute, volgraanprodukte en peulgroente.	15 mg
Mangaan Chroom Seleen Molibdeen	In klein hoeveelhede vir verskeie belangrike chemiese prosesse van belang.	Kom in klein hoeveelhede in talle kossoorte voor.	spoor

3

Die behoefte aan veiligheid

Jy is een trappie verder op die leer na die sterre wanneer die basiese veiligheidsbehoeftes toereikend vervul word.

In my boekie *Leer jou kind lewe* verwys ek na die verskynsel van "sleutelkinders": kinders wat terugkeer na leë huise. Dit is niks minder as baie jammer nie. Wanneer 'n kind veilig voel en dat hy beskerm word, leer hy om ander te vertrou. Wanneer hy bang, onveilig en onseker voel, voel hy ongemaklik en pas hy moeilik aan in veral nuwe situasies. Hy is gou op die verdediging, (ver-)oordeel ander maklik en raak vinnig aggressief. Ek hoef niemand te wys op die vernietigende effek wat die gebrek aan fisieke veiligheid op kinders se lewens het nie. Fisieke aanranding of verwaarlosing, hongersnood, dakloosheid, seksuele misbruik en randkriminele aktiwiteite waarby kinders betrek word, bring nie alleen vir hulle verleentheid mee nie, maar is wreed en onverskoonbaar.

Van seksuele molestering gepraat: 'n ouer wat op seksuele terrein betrokke is by sy kind, of weet dat 'n kind onder sy dak seksueel misbruik word, moet dringend hulp soek.

Dissipline

Nog elke inbelprogram waaraan ek deelgeneem het, lewer amper onvermydelik die volgende vraag op: Hoe dissiplineer ek my kind?

Die vraag is dus ook: Het 'n pak slae vandag nog 'n plek?

Min dinge is meer afstootlik en onaanvaarbaar en wek meer frustrasie, as om afgeknou te word deur iemand wat groter en sterker as jyself is. Indien 'n ouer nie besef dat dissipline/straf beteken om kinders te leer dat 'n mens sekere gevolge moet dra indien jy nie sekere reëls gehoorsaam nie, en dat dit allermins daarom gaan om iemand anders seer te maak, dan mis hulle die doel van dissipline. My raad aan ouers is: baseer jou reaksie op jou kind se gedrag op die voorgenoemde riglyn, wees konsekwent en moet jou optrede nooit laat beïnvloed deur hoe jy op daardie oomblik voel nie. Wees te alle tye billik, laat die straf so swaar soos die oortreding weeg en moet nooit jou kind later verwyt nie. Wat verby is, is verby.

Probeer eweneens om nooit in 'n magstryd met jou kind betrokke te raak nie. In plaas daarvan dat jy hom straf wanneer hy ná elfuur die nag inkom, is dit dalk 'n idee om hom teen die horlosie te laat kompeteer: as hy dié nie kan klop nie, verbeur hy by 'n volgende geleentheid die reg om weer uit te gaan. Met ander woorde, ek stel voor dat jy die gesag aan 'n neutrale entiteit (in dié geval die horlosie) oordra.

Ek som nou enkele foute in die basiese ouer-kindverhouding op en verduidelik waarom hierdie gedrag so ongewens is. Wanneer hierdie gedragswyses oor 'n redelike tydperk plaasvind, kan geen mens realisties verwag dat 'n kind na die sterre kan reik of megavaardighede in sy eie lewe sal verwerf nie.

Ouers se inset	**Effek op 'n kind**
1. Verwerping	Angstigheid, lae selfbeeld en -konsep, onsekerheid, vyandigheid, negativisme, aandagsoek, jaloesie, eensaamheid, gewete ontwikkel stadig
2. Oorbeskerming/ oordrewe inperking	Onderdanigheid, vertrou nie op homself nie, afhanklikheid in verhoudings met ander, lae selfbeoordeling, lae intellektuele strewe
3. Oordrewe permissiwiteit	Selfsug, veeleisende houding, lae vermoë om frustrasie te verduur, rebelsheid teen gesag, oordrewe behoefte aan aandag, swak sin vir verantwoordelikheid, onbedagsaamheid, geneigdheid om ander uit te buit
4. Onrealistiese verwagtings	Verlies van spontaneïteit, ontwikkel 'n te streng gewete, innerlike konflikte, skuldgevoelens en selfveroordeling
5. Foutiewe dissipline	
(a) Gebrekkig	Onbedagsaamheid, aggressie, antisosiale neigings
(b) Te streng	Vrees/haat ouer of ander, min inisiatief/ spontaneïteit, onvermoë om toepaslik vriendelikheid te betoon
(c) Inkonsekwent	Neiging tot aggressiewe gedrag, onvermoë om riglyne vir stabiele gedrag te verwerf
6. Ontoereikende en irrasionele kommunikasie	Neiging om verward te wees, gebrek aan 'n geïntegreerde verwysingsraamwerk, onduidelike eie identiteit, gebrekkige inisiatief, neiging om homself af te kraak

Ten slotte: sorg dat jou reëls billik, duidelik en uitvoerbaar is. Maak slegs reëls wat jy wel kan uitvoer. En onthou: die sekerheid van straf, nie die intensiteit daarvan nie, bepaal die mate van effektiwiteit daarvan.

Die behoefte om emosioneel veilig te voel

Die verhouding tussen ouers is van essensiële belang vir die gesonde funksionering van die gesin asook vir 'n kind se gesonde aanpassing. Waarom?

In die *eerste* plek: wanneer die verhouding tussen pa en ma stabiel en gesond is, kan kinders ouers nie teen mekaar afspeel nie. As die verhouding tussen pa en ma egter versteur is en ma bind primêr met haar seun, dan kry hy dit dikwels reg om pa se opdragte te verontagsaam en by ma toestemming te kry om dit te doen. As pa sê hy moet tienuur die aand in wees en ma sê dat hy eers om twaalfuur mag inkom, dan leer hy dat reëls nie vir hom geld nie. Sulke kinders leer dat hulle reëls in die algemeen maar kan ignoreer. Hulle bots met onderwysers (of probeer hulle en ander mense ignoreer) – 'n gedragswyse wat tot in die volwasse lewe voortgesit word, met besonder slegte gevolge.

'n *Tweede* gevolg van so 'n onnatuurlike binding is dat 'n kind vir sy ouer te belangrik word en 'n oordrewe invloed op sy ouer se welsyn uitoefen. Gevolglik kry so 'n kind enersyds 'n opgeblase en onrealistiese siening van sy eie vermoëns en 'n oordrewe geloof in sy vermoë om ander te beïnvloed. Andersyds het so 'n kind 'n deeglike besef van sy eie onvermoë: hy kan immers nooit ten volle in sy ouer se behoeftes voorsien nie. Dit veroorsaak uiterste angstigheid en skuldgevoelens omdat hy nie werklik aan die buitensporige eise kan voldoen nie. Aan die ander kant wil hierdie kind ten alle koste die voorrangposisie behou.

In die *derde* plek ervaar so 'n kind wat ons noem "emansipasieprobleme". In 'n normale, gelukkige gesin voel 'n kind vry om die huis eendag te verlaat en 'n gelukkige, onafhanklike lewe te lei. In 'n "siek" gesin kry die kind dit as 't ware nie oor sy hart om die huis te verlaat en sy "ongelukkige" ouer in die onvervulde verhouding met die ander ouer oor te laat nie. Ek vind herhaaldelik dat sulke kinders skeidingsangs en skuldgevoelens ervaar omdat hulle dit waag om gelukkig te wees en sukses te behaal terwyl die ouer met wie hulle 'n onnatuurlike band het "alleen agtergelaat word".

In die *vierde* plek: kinders in 'n onnatuurlike verhouding met hulle ouers ervaar dikwels wat ons noem "parentifikasie". Met ander woorde, die rolle word omgekeer: in plaas daarvan dat die kind in sy ouer se emosionele behoeftes voorsien, word daar van hom verwag om in sy ouer se erotiese behoeftes (soos die behoefte aan intimiteit, liefde, goedkeuring, stabiliteit, beheer, rigting, gerusstelling) te voorsien. So 'n ouer sê dikwels vir my dat sy haar kind as haar beste vriend of vertroueling beskou: "Hy verstaan my/hy is die enigste een wat my regtig verstaan." Dit is bitter wreed teenoor 'n kind. In plaas daarvan dat hy ontvang, word daar van hom verwag om te gee. So 'n kind se afhanklikheid word nooit hanteer nie en hy word groot met die idee dat hy oordrewe verantwoordelik is vir die wel en wee van ander, hy is bang om van ander afhanklik te wees en voel skuldig om in sy eie behoeftes te voorsien. Hoewel sulke kinders aanvanklik hierdie posisie geniet, is dit onafwendbaar dat hulle later in hul lewens met weersin teenoor sulke ouers sal reageer omdat hulle as 't ware van hul eie jeug beroof is.

Terloops, indien my gevolgtrekking en dié van ander korrek is, dan beteken dit dat meer as die helfte van alle volwassenes wat sielkundige hulp soek, in 'n mindere of meerdere mate aan "parentifikasie" blootgestel is.

Veiligheid by die skool

Ouers wil heel dikwels van my weet of dit raadsaam is om "in te meng" met hul kind se skoolaktiwiteite. Natuurlik is die antwoord ongekwalifiseerd ja. Dis wreed om jou kind in 'n potensieel onveilige omgewing te laat ly wanneer hy jou hulp werklik nodig het. Ek wil veral 'n versoek tot pa's rig om hul kinders ernstig op te neem wanneer hulle kla. Jou kind se persepsie gee die deurslag – nie joune nie. Die idee dat kinders aan hulleself oorgelaat behoort te word omdat dit karaktervormend is om alleen 'n probleem te oorkom, is ver van die kol. Inteendeel, dit lei dikwels eerder tot gevoelens van verwerping, uitgelewerdheid aan omstandighede buite sy beheer, vrees, depressie en wantroue.

Praat met jou kind oor wat op skool gebeur, leer sy onderwysers ken, luister na hom, weer en weer en weer.

Wat sê ons vir ons kinders?

Dit is amper ondenkbaar dat ouers die volgende kommunikasiewyses teenoor hulle kinders kan openbaar:

- Sarkasme
- Vernederende opmerkings
- Taal wat daarop gemik is om hul kind onbelangrik/dom/onbeholpe te laat voel

- Nie te luister wanneer hul kinders praat nie of nie vir hulle kans te gee om te praat nie

Kinders glo alles wat hulle tydens hul vroeë jare hoor. Hierdie boodskappe bly hulle 'n leeftyd by. Ons programmeer as 't ware ons kinders om negatiewe of positiewe boodskappe te hoor. Elke ouer kan ten minste die volgende beginsels eerbiedig wanneer hy met sy kinders kommunikeer:

- Gebruik positiewe taal wanneer jy van jouself en van jou kinders, bure, vriende en familielede praat en vermy negatiewe opmerkings en taal. Dring daarop aan dat jou kinders dieselfde doen en komplimenteer hulle wanneer hulle dit wel doen.
- Leer jou kind hoe om komplimente te gee en te ontvang. Leer jou kind om dankie, asseblief, ek waardeer dit, dit was bedagsaam, te sê. Leer hom om vir jou 'n blom te pluk, vir jou 'n briefie te skryf.
- Gee te alle tye aan jou kind die volgende boodskap, uitgesproke en onuitgesproke: Ek het jou onvoorwaardelik lief. Al keur ek jou gedrag ook in die sterkste terme af, dan het ek jou, my kosbare kind, nog steeds lief en ek sal dit altyd wees.

Die behoefte om spesiaal te voel

Elke kind is uniek. Respekteer daardie uniekheid en laat hom weet dat hy onherhaalbaar, eenmalig en baie spesiaal is. Eerder as om herhaaldelik te sê dat jy vir hom lief is, kan jy vir hom sê: "Jy is vir my verskriklik belangrik omdat jy my kosbare kind is, omdat jy my gelukkig maak en trots op jou laat voel."

Die behoefte om iewers te behoort

Jou kind wil weet dat jy daar is vir hom. Dit maak nie saak hoe besig jy is en hoe min tyd jy tot jou beskikking het nie, jy móét eenvoudig vir hom tyd maak. Gun jou kind sy vriende, tyd by en saam met vriende. Weet egter altyd dat vriende nooit jou plek kan inneem nie, ongeag wat jy ook al mag dink.

4

Die behoefte aan 'n gesonde selfbeeld en -konsep

'n Gesonde selfbeeld en -konsep is nie die resultaat van enkele ure of dae se harde werk, liefde, ywer, entoesiasme en opoffering nie, maar veel eerder die resultaat van 'n leeftyd se voor- en nalewing van aanvaarding, aandag, vriendelikheid, liefde, optimisme, opgewektheid, doelgerigtheid, belangstelling, vertroue, die bied van sekuriteit en 'n bereidwilligheid om *dáár te wees vir 'n ander.*

Vir die ontwikkeling van die kind se selfbeeld is dit van die uiterste belang dat hy in die ouerhuis reeds moet beleef dat hy sekere take met sukses kan uitvoer en verantwoordelikhede kan dra. 'n Kind se gedrag spruit in 'n groot mate uit sy gevoelens van waardevol of waardeloos wees.

Elke mens het 'n diep behoefte daaraan om veilig te voel, om te voel dat hy behoort, dat hy waardevol is, dat hy die lewensuitdagings die hoof kan bied, dat hy iets beteken. Dit geld by uitstek vir 'n kind: hy moet die gevoel hê dat hy aanvaar word, dat hy kan meeding, dat hy nuwe, vreemde, soms potensieel angswekkende situasies die hoof kan bied terwyl hy groei, leer, verander. En dit geld vir alle kinders; vir diegene met 'n hoë IK maar ook vir diegene met 'n lae IK; vir kinders uit arm huise en vir kinders uit vermoënde huise; vir begaafde kinders en vir verstandelik gestremde kinders; vir diegene wat uitblink in sport en ook vir diegene wat nie uitblink in sport nie; vir die outjies wat in jou hart kruip, maar veral ook vir die ouens wat in jou hare sit, die moeilikes, diegene van wie jy sukkel om te hou.

Hoe weet 'n mens wat 'n goeie/swak selfbeeld nou eintlik is en of jy 'n goeie of 'n swak selfbeeld het?

Om eerlik te wees: geen mens weet ten diepste werklik wat sy eie "waarde" is en hoe "belangrik" of "onbelangrik" hy nou eintlik is nie. Waarom? Omdat selfbeeld iets subjektief is – 'n subjektiewe gevoel. Die meeste mense beweeg tussen die pole "Ek beteken niks nie" en "Ek beteken darem heelwat meer as ander". Elkeen van ons het dae waarop ons beter en dae waarop ons slegter voel – dit is heel natuurlik. 'n "Normale" mens se skatting van homself sal wel in ooreenstemming wees met wie hy is, wat hy bereik het, wat sy omstandighede is, maar dit bly iets baie onbepaald en baie subjektief. Ongebalanseerdheid in hierdie verband het dikwels 'n baie irriterende effek op ander mense: 'n mens met 'n oordrewe selfbeeld irriteer ander baie gou – ewe veel as 'n oordrewe inskiklike, negatiewe siening van jouself.

Kortom: geen mens weet werklik hoe "belangrik" of "onbelangrik" enige ander mens is nie. Natuurlik sal dit afhang van hoe "belangrik" gedefinieer word: *Vir my persoonlik hang enige mens se belangrikheid eenvoudig af van die mate waartoe hy daarin slaag om die beeld van Jesus in sy lewe 'n werklikheid te maak, om die wêreld deur sy persoonlike toedoen, hoe gering ook al, 'n beter plek agter te laat.*

Hoe ontwikkel 'n mens 'n negatiewe of positiewe selfbeeld?

Ek vra altyd vir ouers die volgende vrae in verband met hulle kinders (waarmee ek gewoonlik 'n goeie aanduiding kry van die oorsprong van sy positiewe of negatiewe selfbeeld):

- Hoe dikwels voel jou kind dat jy hóm verwerp en nie sy verkeerde, onnadenkende of ongewenste daad nie?
- Komplimenteer jy jou kind deurlopend, gereeld, konsekwent oor dit wat hy bereik het en sy prestasies, hoe gering ook al in jou oë? Jy moet hom so gou as moontlik met sy prestasies (dinge wat hy gedoen het en sy gedrag) komplimenteer. Hou dit spesifiek, op die man af en

persoonlik. Beloon jou kind na sy prestasies eerder as om aan te hou om hom vooraf te probeer omkoop.

Die refrein behoort teen hierdie tyd oorbekend te wees: die kind moet van baie klein af reeds toegelaat word om aan te pas, self besluite te neem, self keuses te doen, self probleme op te los en verhoudings te stig; met ander woorde, te beleef dat hy sélf dinge kán doen.

- Hoe gereeld is jou taal negatief in plaas van positief? ("Hou nou op met jou vervelige ou storie en kom tot die punt, ek het nie heeldag tyd om na jou te luister nie" in plaas van "Dis so lekker wanneer ek en jy gesels. Ons altwee neig om van die punt af te dwaal; jy het dit seker maar by my geleer!")

Wanneer 'n kind 'n *drop-out* word, of met almal bots, of dwelms misbruik, noem maar op, gee hy in werklikheid 'n sein. Dit is 'n noodroep: "Help my!" Hy sê dat daar iets radikaals skort met sy selfbeeld, so erg dat hy nie meer in staat is om gesonde verhoudinge te stig, te bevorder en te behou nie. Met ander woorde, 'n kind se negatiewe gedrag reflekteer in die heel grootste mate sy negatiewe siening van homself.

Emosionele oorafhanklikheid

'n Probleem wat hand-aan-hand loop met 'n gebrekkige selfbeeld is emosionele oorafhanklikheid. Onthou altyd: jou kind is nie 'n stuk huisraad wat deur jou besit word nie. Jy *moet* hom soms toelaat om weg van jou af te beweeg. En moenie probeer om hom 'n blote verlengstuk van jou eie drome en aspirasies te maak deur byvoorbeeld te hoë verwagtinge van hom te koester nie. Jy vernietig sy selfbeeld deur te hoë eise aan hom te stel. Leer hom eerder om met *homself* te kompeteer, nie met jou verlede of met ander kinders nie.

Moet nooit jou kind toelaat om verveeld te wees nie. Dit verniel sy selfbeeld om te dink dat hy niks (kan) doen nie.

Enkele voorbeelde van aktiwiteite wat jou kind teen verveling kan vrywaar en 'n bydrae sal lewer tot 'n kind met 'n beter selfbeeld, is die volgende:

- kreatiewe skryfwerk (gedиggies, opstelle, sketse of kortverhale)
- tuinmaak – weet jy hoe waardevol dit is om te sien hoe iets wat jy self geplant het, opkom en vrugte, groente of blomme dra?
- leer kitaar, klavier of viool speel
- neem sportlesse (bv. tennisafrigting) of sanglesse

- luister na musiek en skryf of sing self liedjies
- ongewone stokperdjies: visse, voëls of handtekeninge ontleed
- versamel seëls, voëleiers of grassoorte
- bou modelle
- teken, skets of doen beeldhouwerk.

Vra jouself voortdurend die volgende vrae oor jou kind se selfbeeld af:

- Is my kosbare kind in staat om raad en opbouende kritiek te aanvaar sonder om dit te intens te beleef? Of trek hy hom ander se kritiek, menings, aandag (of ander se versuim om genoeg aandag aan hom te gee) te veel aan?
- Kritiseer my kind homself en ander dalk voortdurend? Is hy nie in staat om sy suksesse en prestasies toepaslik en na waarde te skat nie? Sê hy aanhoudend dat hy nie kan nie/nie wil nie/nie kans sien nie?
- Is my kind bereid om te praat oor homself – oor sy suksesse en sy mislukkings? Is hy bereid en daartoe in staat om sy innerlike gevoelens, sy geheime, sy suksesse, sy prestasies, dit waaroor hy goed voel, met jou en met andere te deel? Maar meer nog: is jou kind ook in staat om andere te komplimenteer, geluk te wens, opreg belang te stel in hulle suksesse en prestasies, meegevoel met hulle te hê wanneer hulle ongelukkig is of wanneer hulle nie na wense presteer nie of ongelukkig is en dit vir hulle te sê?

- Is my kind ook in staat om die aktiwiteite hierbo alleen te verrig? Voel hy gemaklik wanneer hy alleen is?
- Is my kind nie alleenlik gemotiveerd nie maar, belangriker, *wíl hy?* Met ander woorde, *is hy in staat om sy gemotiveerdheid uit te voer en deur te voer?* Ek wil die voorbeeld van Boris Becker se tennisprestasies gebruik om die punt tuis te bring. Becker se afrigter, Breskvar, het opgemerk dat hy reeds op sesjarige ouderdom meer gemotiveerd was om te wen, meer daartoe in staat was om betrokke te bly, 'n sterker wil om te wen getoon het as enige van sy tydgenote. Klein Boris het homself herhaaldelik op die grond neergewerp in 'n laaste poging om balle te bereik. Sy afrigter het hom toe bloot geleer om so te val en te rol dat hy nie seerkry nie – iets wat hy nog nooit vir enige ander leerling geleer het nie.
- Neem my kind graag deel aan 'n verskeidenheid aktiwiteite?

Die reël is weer eens: begin so vroeg as moontlik. En bestee eerder jou geld nuttig aan lesse as om dit op nuttelose flieks of video's te mors.

Die behoefte aan 'n gesonde selfkonsep

Met selfkonsep bedoel ek jou kind se siening van hoe hy homself vorentoe sal verwesenlik, hoe hy sal presteer en die uitdagings van hierdie lewe die hoof sal bied. Dink hy soms aan die toekoms? Bespreek hy dit met jou? Deel hy sy vrese en verwagtinge, sy wense, hoop en aspirasies en inspirasies met jou? Onthou: jou siening van jou kind, jou verwagtinge van hom, jou konsekwente en billike aansporing, die billike eise wat jy op talle terreine aan hom stel, word dikwels 'n selfvervullende profesie. Sien jou kind homself as 'n potensiële mislukking of sukses? Leer hy uit sy foute? Leer jy hom van heel klein en besef hy dat dit geen skade aanrig om foute te maak nie maar dat dit onvergeeflik is om nooit iets te probeer nie? In die woorde van een van my mees gerespekteerde leermeesters: Moet asseblief nie bang wees om foute te maak nie, selfs groot foute want dit is vir my die bewys dat jy iets doen, iets probeer. Confucius het eens gesê: Die grootste oorwinning is nie om nooit te misluk nie, maar om telkens ná 'n mislukking weer op te staan.

5

Die behoefte om liefde te gee en te ontvang

Op die vierde sport van die leer na die sterre lê die behoefte aan erkenning, prestasie en aandag. Eers hierná kan die heel hoogste behoefte ontwikkel.

Neem 'n pasgebore eendjie vir die eerste twee dae weg van sy moeder en hy sal enige mens of dier wat hy teëkom as 'n "ouer" aanhang – en vir die res van sy lewe van sy spesie geïsoleer wees. Waterhoenders volg die reël "as dit beweeg dan moet dit moeder wees" en bind onherroeplik en permanent aan die eerste bewegende objek wat hulle na geboorte aanskou. Blinddoek 'n sjimpanseetjie vir die eerste drie maande van sy lewe en hy verloor vir ewig sy vermoë om te sien.

Is daar ook vir die mens sekere kritieke stadiums in sy ontwikkeling?

In die kleinkinderjare is daar 'n stadium wanneer die kindjie by uitstek behoefte het aan fisieke kontak met sy moeder; aan liefdevolle koestering en aandag. Indien hierdie behoefte nie bevredig word nie, gaan die kindjie bes moontlik permanente skade opdoen in sy vermoë om sinvolle menseverhoudings te stig en te vestig. In sy latere lewe kan hierdie skade as simptome na vore kom – simptome soos leerprobleme, gedragsprobleme of bednatmaak.

Die kinderglimlag

Die kinderglimlag is een belangrike bestanddeel van die bindingsresep tussen ouers en kinders. Dit word deur verskeie mense as 'n aangebore aanleg beskou, soos bevestig deur die feit dat pasgebore babas onwillekeurig glimlag wanneer hulle wangetjies gestreel word of in antwoord op spesifieke stimuli. Nader aan die end van hulle eerste lewensmaand word 'n glimlag egter net so goed ontlok deur 'n stem met 'n hoë intensiteit – die soort stem wat moeders gebruik wanneer hulle kinders vertroetel. Op ses weke ontlok ook die menslike gesig (by uitstek die oë en 'n glimlaggende mond) 'n glimlag terwyl die oë alleen genoeg is om op 5–6 maande 'n glimlag te ontlok. En as 'n baba eers 'n paar maande oud is, dan is dit onmoontlik om te sê of die kinderglimlag die resultaat van 'n aangebore vermoë of van 'n aangeleerde respons is. Terloops, ook blinde babas glimlag wanneer hulle aangeraak word of die menslike stem hoor, al sien hulle nie die versorger glimlag nie. Soos elke ander vorm van

bindingsgedrag word die glimlag aanvanklik blindelings, sonder voorkeur, op ander gerig. Maar namate die baba met spesifieke figure begin bind, rig hy sy glimlag later net tot 'n uitgesoekte aantal mense. *Hierdie spesiale glimlag maak babas vir hulle ouers baie, baie spesiaal.*

Liefde en intelligensie

'n Mens hoor dikwels die bewering dat kinders nie ewe intelligent gebore word nie. Natuurlik is dit so. Maar dat alle aspekte van die kind se uiteindelike samestelling, veral sy verstandsaanleg, deur die chromosome oorgedra word, is eenvoudig nie waar nie. Skeels en Dye het byvoorbeeld die helfte van 'n groep weeskinders in die sorg van volwasse verstandelik gestremde vroue in 'n inrigting geplaas. Daarna is die ander helfte soos gewoonlik in die kindersaal aan hulleself oorgelaat. Vanselfsprekend kon die kwaliteit van die verstandelike stimulering van die eerste groep nie altyd na wense gewees het nie. Tog het hierdie plaasvervangende of surrogaatmoeders die kinders met liefde en aandag oorlaai. Die gevolg? Hul gemiddelde IK het met 32 punte gestyg. Daarenteen het die tweede groep se IK met 21 punte gedaal. Die uiteinde van die saak was dat feitlik die hele "slimmer" groep ten minste die hoërskool gehaal het. Daarenteen kon min van die "dommer" groep selfs verder as twee jaar op laerskoolvlak vorder.

Daar is baie meer gevalle van hierdie aard aangeteken. Vanselfsprekend was hier sprake van ernstige verwaarlosing, maar dis nie die punt nie. 'n Mens kan met groot sekerheid aanvaar dat aanneming deur liefdevolle ouers in minder eksklusiewe gevalle onder die "normaalste" omstandighede lei tot 'n styging van min of meer 12 punte op die IK-skaal. Feit is dat 'n liefdevolle, belangstellende ouer veel kan doen om sy kind te help om sy volle potensiaal te laat verwerklik – ongeag wat die "gene" beweer!

Ek kan nie nalaat om weer hier te wys op die betekenis van 'n vader se belangstelling in sy kind se doen en late nie. Carlsmith se studie het byvoorbeeld duidelik getoon dat die afwesigheid van vaders tydens die Tweede Wêreldoorlog tot gevolg gehad het dat hulle kinders swakker in wiskunde vaar as andersins. Die rol van die vader in sy kind, seun of dogter, se lewe is besonder belangrik. Of hy sy kind aanmoedig, met hom praat, sy huiswerkboeke teken, sy sportbyeenkomste bywoon, saam met hom na funksies gaan, wat ook al – as hy nie daar is nie, ontwikkel sekere areas van 'n kind se persoonlikheid nie na behore nie.

Watter boodskap bring die voorafgaande tuis?

Wanneer 'n kind vrees dat sy ouers gaan skei of dat hy aangerand gaan word, gaan hy heel moontlik sukkel om te leer lees, spel of reken; wanneer hy nie weet hoe dit voel om dinge te besit nie, sal hy dalk nie later dinge met ander wil deel nie; wanneer hy nie by jou leer wat dit is en hoe dit voel om liefde te gee en te ontvang nie, wanneer hy nie 'n gesonde verhouding met jou ontwikkel nie, ry dit verhoudingstigting vir die res van sy lewe in die wiele.

Die behoefte om te presteer

Dit maak nie saak op watter terrein 'n kind presteer nie – op akademiese gebied, op die atletiekveld, op die skietbaan, op die rugbyveld, in debatvoering, skaak – waar ook al. Dit bly 'n intense behoefte om te weet dat daar ook terreine is waarop hy kan presteer, waar hy ten minste net so goed of selfs beter as ander kan doen. Jou voorbeeld en aansporing, jou uitgesproke en onuitgesproke wense en ideale vir hom gaan in elk geval grotendeels medebepaal op watter terrein hy gaan presteer. As dit vir 'n pa belangriker is dat sy seun rugby speel as dat hy in wiskunde goed doen, kan jy maar weet dat hy bes moontlik 'n beter proposisie op die rugbyveld as in die wiskundeklas gaan wees.

Belangriker as die uitslag van enige intelligensietoets vir 'n kind se prestasie, is dat hy voel en glo dat hy kan, en dat hy wil. Sheehy se navorsing het getoon dat die verskil tussen presteerders en nie-presteerders daarin geleë is dat presteerders daarin slaag om hulle neerlae en mislukkings te oorkom, te verwerk, daaruit te leer, om steeds in beheer van die situasie te bly. In teenstelling daarmee beskou nie-presteerders mislukkings en neerlae as vernietigend, onoorkomelik, 'n bewys daarvan dat hulle nou maar minderwaardig, onbevoeg en nie meer in beheer van situasies is nie.

Eienskappe van 'n presteerder

Bettie Youngs sê in haar uitnemende boekie, *The six vital ingredients of self-esteem,* dat die volgende eienskappe by 'n presteerder aangetref word:

- Hy probeer graag nuwe dinge.
- Hy probeer graag weer; korrigeer homself wanneer hy misluk.
- Hy is bereid om uitdagings te aanvaar.
- Hy gebruik mislukkings as instrumente tot beter prestasie.

- Hy ken sy sterk punte en neem daarmee die leiding.
- Hy lê goeie sportmanskap aan die dag.
- Hy deel graag sy idees en menings met ander.
- Hy beskik oor effektiewe hanteringsmeganismes vir die hantering van neerlae.
- Hy gee erkenning aan sy eie prestasies en suksesse.
- Hy prys homself en moedig homself aan.

Voeg gerus by: genialiteit blyk nooit duideliker as uit iemand se vermoë om foute, neerlae, mislukkings, struikelblokke en probleme in geleenthede te omskep nie.

Wil jy jou kind graag help om realistiese doelwitte daar te stel? Maak dan gerus aantekeninge van daardie episodes waartydens hy sy onverdeelde aandag gee. Watter boek neem hy in die biblioteek uit? Watter artikels in 'n koerant boei hom die meeste? Met watter aktiwiteite kan hy hom so besig hou dat hy alle tred met tyd verloor? Waaroor gesels hy met onblusbare entoesiasme? Maak gerus aantekeninge van hierdie goue geleenthede in jou kind se lewe (laat hy dit self ook doen) sodat jy grotendeels weet waarin hy opreg belangstel.

Die behoefte aan erkenning en aandag

Meer as enigiets anders het 'n kind sy ouer se aandag nodig. Hy sal dan ook hierdie aandag kry, buig of bars, op positiewe of negatiewe wyse. As my ervaring die waarheid verteenwoordig, en ek praat op grond van kontak met baie duisende "gevalle", dan is die verskil tussen 'n negatiewe en 'n positiewe selfbeeld in 'n baie groot mate daarin geleë dat die kind wat genoeg aandag en erkenning en positiewe terugvoer, oor 'n lang tydperk, van sy ouers kry, 'n positiewe selfbeeld ontwikkel en meer suksesvol is as die outjie wat oor 'n lang tydperk liefdevolle aandag konsekwent moet ontbeer. Terloops, Willings stel dit duidelik dat alle mense ten diepste werk om twee behoeftes te bevredig, te wete:

- die behoefte om iemand te wees; en
- die behoefte om iets te doen wat die moeite werd is.

Hy verduidelik dat alle mense periodiek bevestiging soek dat hulle iemand is en dat dit wat hulle doen, die moeite werd is. Wanneer mense nie positiewe terugvoer ontvang nie en nie bevestiging daaroor ontvang dat hulle waarde het nie, bring dit hulle dikwels een stappie nader aan "burnout".

Deur aan 'n kind aandag te gee, sê jy dat hy vir jou kosbaar en waardevol is; deur hierdie aandag van hom te weerhou, stuur jy vir hom die sein dat daar ander mense/dinge/situasies is wat vir jou belangriker is as hy. En dit vernietig 'n kind se siening van homself.

Elke kind wil, nee, *moet* weet dat sy ouer in sy prestasies op skool, op die sportveld, oral, belangstel. Wanneer daar 'n dag aanbreek dat jou kind nie meer belangstel in jou aandag nie, dan het jy waarlik rede tot kommer.

6

Die behoefte aan selfverwesenliking

Iemand het gesê dat die Bybelse opdrag om ons talente na behore te ontwikkel net een helfte van die waarheid verteenwoordig. Die belangrikste insig is dat ons hierdie talente moet aanwend tot eer van God. Die sin van die lewe is nie te vind in enigiets wat ons met ons verstand kan skep nie, maar in dit wat ons uit geloof en in diens van God tot stand bring.

Is daar 'n stadium dat dit te laat word om na die sterre te reik?

Nee, dit is nooit te laat om te word wat jy werklik kan word nie. Ek weet van 'n student wat sewe jaar lank teologie gestudeer het, twee jaar lank predikant was, daarna medies gestudeer het en vandag 'n hoogs suksesvolle dokter is. Daar is talle sulke voorbeelde. Frank Parsons, die grondlegger van beroeps- en ander voorligting soos ons dit vandag ken, het eers gepraktiseer as 'n siviele ingenieur, daarna as 'n arbeider in 'n meul gewerk, daarna by verskeie kolleges klasgegee, daarna in die regte gestudeer, daarna sonder sukses probeer om goewerneur van Boston te word en toe eers sy loopbaan in maatskaplike werk begin. Geen wonder dat hy later die boekie *Choosing a vocation* geskryf het nie!

Wat kan ek doen om 'n ander se selfverwesenlikingsvlak te verhoog?

Om te begin: Elke kind kan gerus weet dat my opdrag aan elke ouer in hierdie verband die volgende is:

- Aanvaar gerus jou eie foute en tekortkominge, erken hulle voor jou kinders. Wys jou kind altyd daarop dat mislukking:
  - van groot hulp in die leerproses kan wees, maar
  - onbelangrik is in die bepaling van sy waarde as mens.
- Ruim plek in vir mislukking en hanteer dit as 'n natuurlike deel van die leerproses. Laat jou kind foute maak en daaruit leer, maar vermy dit om jou kind as gevolg van 'n fout verleë te laat voel.
- Skep geleenthede vir kinders om sukses te kan behaal. Deurdat jou kind sukses behaal, ontwikkel hy later soveel selfvertroue dat hy sy selfversekerdheid en veiligheid behou ook wanneer hy die kere nie slaag of sukses behaal met iets nie.
- Lê veel minder klem op die belangrikheid dat 'n kind alles "reg" moet doen. Vermy dit om aan te hou om jou kind te blameer indien hy konsekwent nie aan jou verwagtinge voldoen nie en verwag eerder 'n hoë gehalte prestasie op sy moontlikheidsvlak, binne sy bevatlikheidsvermoë.
- Aanvaar as uitgangspunt die feit dat elke kind 'n individu in eie reg is met aanspraak op respek. Glo dat elke kind respek verdien. Luister na jou kind wanneer hy sy idees en gevoelens met jou wil deel en reageer hartlik, warm en opreg.
- Skep voldoende geleenthede vir jou kind om beslissings te neem wat sy eie lewe raak. Maak seker dat hierdie beslissings eg is en dat jou kind bereid is om die gevolge van sy beslissings self te dra.
- Bespreek mislukking individueel en binne gesinsverband. Probeer altyd ooreenstemming bereik oor die wyse waarop mislukking hanteer behoort te word en bly by hierdie ooreenkomste.

'n Mens hoor deesdae dikwels die een of ander kenner aanbeveel dat daar 'n vak "Dink" op skool ingestel moet word. Ek meen dit maak baie sin. Waarom?

Dink

In "akademiese" taal word daar dikwels onderskei tussen die volgende drie soorte denkprosesse:

Denksoort	Betekenis
1. Kognitiewe denke	Die vaardighede wat betrokke is by alle denke.
2. Metakognitiewe denke	'n Leerder se bewustheid van sy eie denke: "Denke omtrent die denke".
3. Epistemies-kognitiewe denke	Die vaardighede wat geassosieer word met insig omtrent die perke van kennis (Kortom: die besef dat daar meer altyd is om te leer; niemand weet ooit "alles" nie).

Waaruit bestaan "dink"? Wat is die essensiële eienskappe van denke?

Denkvlak	Omskrywing
1. Kennis	Wanneer jy iets kan definieer, herken, herroep, identifiseer, benoem, dan ken jy dit.
2. Begrip	Jy begryp iets wanneer jy dit kan interpreteer, verduidelik, beskryf, opsom.
3. Toepassing	Om te kan toepas, oplos, eksperimenteer, (aan)toon, voorspel.
4. Analise	Om te kan verbind, klassifiseer, kontroleer, rangskik, organiseer, in verband bring met.
5. Sintese	Om te kan voorstel, ontwerp, beplan, kombineer, formuleer, bewys.
6. Evaluering	Om te kan waardeer, kritiseer, beoordeel, besluit.

Sien jy dat die heel hoogste vlak van denke die vermoë is om jou waardering/(opbouende) kritiek uit te spreek; om iets te beoordeel, om 'n besluit te kan neem? Sien jy waarom ek deurgaans in hierdie boek vir elke volwassene en kind vra: *dink!* Ontwikkel jou eie denke, dis jou reg om vrae te vra, om 'n eie standpunt te hê, om te kritiseer, maar gun elke ander mens dieselfde demokratiese reg. Hou hierdie verwysingsraamwerk deurentyd in gedagte by die lees van hierdie boek. Lewer gerus kritiek, laat my weet daarvan. Ek respekteer dit en luister baie graag daarna.

Karakter as die rigtinggewende krag op jou weg na die sterre

Daar moet beklemtoon word dat persoonseienskappe of karaktertrekke, soos die wil om op watter terrein ook al te presteer, deursettingsvermoë, selfvertroue, selfdissipline, beslistheid, inspanning/harde werk, pligsgetrouheid, vasberadenheid en temperament, van deurslaggewende belang is en eindelik daarvoor medeverantwoordelik sal wees of iemand sukses gaan behaal of nie. Aanleg/intelligensie/belangstelling op sigself is geen waarborg vir sukses nie.

Die verantwoordelikheid vir die keuse om te studeer, hard te studeer, of nie, is jou kind s'n. Hy/sy sal eindelik die keuse moet doen en dit self ten uitvoer moet bring (met sy ouer en ander betekenisvolle persone se hulp en steun). Geen persoon kan of mag vir 'n ander of namens 'n ander die belangrike keuses in sy lewe doen nie.

Jy hoef nie namens of selfs saam met jou kind sy werk te doen nie. Doen die heel belangrike dinge – die res kom vanself.

Karakter, megavaardighede en lewensukses

Waarom is hierdie megavaardighede, oftewel die ontwikkeling van positiewe persoonseienskappe, van soveel belang? Kyk na die tabel hieronder en jy sal sien wat ek bedoel.

Kortliks kan dit so saamgevat word:

Eienskap	Soos dit op skool of in die ouerhuis na vore kom	Soos dit jou sukses in 'n toekomstige beroep beïnvloed
1. Inisiatief	Gert[1] doen dinge uit sy eie, sonder dat iemand vir hom moet sê om dit te doen. Hy sal self weet om 'n papiertjie wat rondlê, op te tel; om plante wat droog is, water te gee; om honger huisdiere kos te gee; om die skryfbord vir 'n onderwyser skoon te maak, om sy tas te dra.	Gert doen meer as net sy plig en neem die leiding waar daar sprake is van take wat ander nie wil doen nie. Dit is vreemd hoedat hy uit sy eie raaksien wat gedoen moet word, lank voordat ander daaraan sou dink. Geen wonder dat hy so vinnig bevorder word nie.
2. Selfvertroue	Gert glo vas dat hy dinge kan doen en huiwer nie om selfs moeilike werk te pak nie.	Gert straal soveel selfvertroue uit dat hy by kliënte soveel vertroue inboesem dat hulle weer en weer na hom terugkom.
3. Motivering en ambisie	Gert doen meer as wat sy onderwysers en ouers van hom verwag. Sy ywer steek selfs sy maats aan.	Gert se entoesiasme en ywer maak van hom 'n onmisbare deel van die werksketting.

[1] Skuilname word deurgaans gebruik hoewel die gevalle op die werklikheid berus.

Eienskap	Soos dit op skool of in die ouerhuis na vore kom	Soos dit jou sukses in 'n toekomstige beroep beïnvloed
4. Die wil om iets te doen, om deur te volg	Gert hou nie op voordat sy werk behoorlik voltooi is nie.	As jy iets gedoen wil hê, moet jy die taak aan Gert opdra.
5. Inspanning	Gert lewer altyd sy beste.	Gert se werk is altyd op datum; hy soek voortdurend geleent-hede om nuwe kennis in te win.
6. Verant-woorde-likheid	As jy vir Gert 'n taak gee, hoef jy nie te gaan kyk of dit wel uitgevoer is nie.	Gert kan vertrou word met die mees sensitiewe informasie; niemand wag ooit vir hom nie.
7. Deur-settings-vermoë	Gert los nie 'n som voordat hy alle moont-like oplossingswyses probeer het nie.	Enige taak wat deur Gert aangepak word, word tot aan die einde deurgevoer.
8. Selfdissipline	Gert sal eerder 'n partytjie mis as om die risiko te loop dat sy huiswerk nie voltooi is nie.	Gert stel die belange van sy onderneming voor sy eie.
9. Empatie	Gert laat nuwe leerlinge gou-gou op hul gemak voel.	Gert se opregte be-langstelling in die ander personeel-lede dwing respek af.
10. Emosionele stabiliteit	Ander leerlinge vertrou Gert en deel graag hul per-soonlike probleme met hom.	In krisistye is Gert die een wat koelkop bly en na wie almal opkyk vir leiding en gerusstelling.

Eienskap	Soos dit op skool of in die ouerhuis na vore kom	Soos dit jou sukses in 'n toekomstige beroep beïnvloed
11. Gesonde temperament	Gert verloor selde sy humeur; jy weet wat jy aan hom het.	Gert se puik mense-verhoudinge, simpatie, nederigheid en verdraagsaamheid strek die hele organisasie tot voordeel.
12. Gesonde verstand	Gert sal eerder sy gunsteling televisie-program mis as om sy huiswerk na te laat; hy weet om nie iets aan ander te doen of aan hulle te sê wat hy nie aan homself gedoen/gesê wil hê nie. By 'n ketting-winkel weet hy dat dit meer ekonomies is om 'n 2 kg-pak waspoeier teen R12,59 te koop as om twee 1 kg-pakke teen R6,99 elk te koop.	Gert is streng professioneel: hy weet hoe om prioriteite te bepaal en wanneer om wat te sê en wanneer om liefs nie iets te sê, te doen of te vra nie.
13. Probleem-oplossings-vermoë	Gert raak nie gefrustreer wanneer die huiswerk darem regtig te veel vir een dag is nie en die res van die klas voel dat die onderwysers meer as hulle pond vleis eis nie.	Gert sien moeilike probleme as uit-dagings en geleenthede om te wys waartoe hy in staat is en nie as rede tot wanhoop/neerslagtigheid/klagtes nie.

Eienskap	Soos dit op skool of in die ouerhuis na vore kom	Soos dit jou sukses in 'n toekomstige beroep beïnvloed
14. Kreatiwiteit	Gert kom altyd met die interessantste vrae en oplossings na vore.	Gert beskik oor die vermoë om selfs vervelige take en opdragte op interessante en vervullende maniere uit te voer.
15. 'n Positiewe lewens-houding	Gert lag altyd, het altyd tyd vir ander en lyk of hy lus het vir die lewe.	Gert se positiewe gesindheid sorg daarvoor dat almal met hom oor die weg kom en saam met hom wil werk.
16. Roepingsbesef, die geloof in jou persoonlike sending	Gert skroom nie om vir sy maats te sê hoe belangrik sy skoolwerk, sy ouers, sy skool en sy godsdiens vir hom is nie.	Gert se sukses is in 'n groot mate daaraan te danke dat hy glo hy gaan hierdie pad net eenmaal loop en dat hy op sy beskeie manier die wêreld eendag 'n beter plek wil agterlaat.
17. Die vermoë om vir jouself doelwitte te stel en te beplan	Gert weet watter punte hy vir sy verskillende vakke wil behaal en vir watter spanne hy wil speel. Kyk gerus hoe lyk sy jaarbeplanner; dan sien jy waarom jy hom so lank voor die tyd moet uitnooi indien jy hom by 'n partytjie wil hê.	Gert weet haarfyn waar hy oor 'n jaar, vyf jaar, 10 jaar hiervandaan wil staan en werk daarvoor. Hy beplan sy jaarprogram so deeglik dat almal sy raad vra wanneer hulle self beplanning doen.

Eienskap	Soos dit op skool of in die ouerhuis na vore kom	Soos dit jou sukses in 'n toekomstige beroep beïnvloed
18. Intelligensie	Gert toon 'n besondere vermoë om "gefokus" te bly op elke spesifieke taak wat hy aangepak het en om probleme deur te volg; sy mooi vakprestasies is al deur oningeligte mense as "oorprestasie" beskryf.	Gert se werksuitsette is altyd van hoogstaande gehalte; hy maak homself eintlik onmisbaar deur sy daaglikse taak so professioneel en met soveel konsentrasie aan te pak en uit te voer.
19. Besluitnemingsvermoë en die doen van keuses	Gert weet presies watter vakke en grade van vakke hy wil neem; watter sportsoorte hy wil beoefen en wat sy bydrae op kulturele gebied gaan wees. Dit gebeur nie sommer dat hy ligtelik keuses doen nie en daarom kan hy hulle gewoonlik deurvoer.	Tydens uitputtende vergaderings is Gert die een wat die voortou neem in die formulering van oorwoë besluite; hy weet net hoe om vir ander op die voor- en nadele van werksverwante keuses uit te wys sodat hulle self gebalanseerde keuses kan doen en daarby hou.
20. Die vermoë om in spanverband te werk	Gert is die ideale leerling. Hy kom met bykans almal oor die weg, respekteer sy minderes, gelykes en meerderes en word deur almal aanvaar. Dit is geen wonder dat hy 'n spontane keuse as prefek is nie.	Gert is die ideale personeellid. Sy instansie se belange geniet by hom voorkeur, selfs bo sy eie bevordering. Hy is dikwels bereid om die take af te handel waarvoor ander neus optrek. Wie nié met hom oor die weg kom nie, moet waarlik voor sy eie deur vee.

Die tabel sê eintlik maar die volgende:

- Die kind wat tuis gehelp word om sekere persoonlikheidseienskappe te ontwikkel, te leer werk en leer om in homself te glo, ontwikkel 'n beter selfbeeld en staan 'n beter kans om ook op skool harder te werk.
- Hierdie kind openbaar dieselfde persoonlikheidseienskappe in ruim mate op skool, het 'n beter selfbeeld, glo in homself, stig beter verhoudinge, kom beter met sy minderes, gelykes en meerderes oor die weg, sal op skool harder werk en gaan beter presteer.
- Die kind wat beter presteer, ontwikkel hoër aspirasies, verkry toelating tot meer gesogte studierigtings en beroepsrigtings en staan 'n veel beter kans om eindelik lewensgeluk te smaak. Die positiewe persoonseienskappe wat hy oor 'n lang tyd aan die dag leer lê het, ingeoefen het, is ook daardie eienskappe wat hy in sy beroep nodig gaan hê, wat hom eendag goed te staan gaan kom in sy beroepsbeoefening en moontlik die verskil tussen 'n sukkelbestaan en lewensgeluk kan beteken.

7

Wat is megavaardighede?

Enige mens kan inisiatief, gesonde menseverstand en kreatiwiteit in sy eie lewe ontwikkel en gebruik. Sodanig beteken 'n intelligensie-*syfer* niks nie, maar deur harde werk word dit in prestasie omskep.

Jou toekoms lê in jou eie hande. Elke mens kan die sterre in sy eie lewe aanraak. Jy hoef nie noodwendig oor 'n superbrein te beskik of die mees eksotiese, verafgeleë wonders te vermag om by die sterre uit te kom nie. Dit is juis belangrik om nie buite jouself te wil soek na antwoorde op die *hoe*-vraag nie; veel meer is dit 'n kwessie van die onkruid uit jou eie lewenstuin verwyder, die stof op jou eie vermoëns afstof.

Inisiatief

Waarom sien die een kind 'n papiertjie op die vloer lê, tel dit op en gooi dit in die asblik terwyl 'n ander daarop sal trap sonder om dit raak te sien? Waarom weet die een leerling om sy onderwyser se tas te dra of die skryfbord vir hom skoon te maak, terwyl 'n ander nooit daaraan sal dink nie? Waarom bied een kind sy hulp aan wanneer jy werk en die ander nie? Waarom weet een kind om vir jou dankie te sê, vir jou 'n blom te pluk, 'n briefie te skryf, 'n sjokolade te koop, maar die ander nie? Die antwoord is nie vreeslik abstrak nie: sê vir hom dat jy hierdie dinge van hom verwag, sê vir hom wat inisiatief is, wat die sin daarvan is, waarom jy dit van hom verwag, dat dit vir jou iets beteken. Met ander woorde, moet asseblief nie net aanvaar dat jou kind spontaan hierdie eienskap sal ontwikkel nie, want hy sal nie. Altans, nie sommer nie – jy moet hom juis help met die ontwikkeling hiervan.

Gesonde verstand

Ek was nog bitter klein toe ek op 'n dag 'n lelike opmerking oor 'n ander seun se stukkende broek gemaak het. My vader het my daar en dan baie skerp aangespreek en daarop gewys dat hy sulke kwetsende, onnodige en negatiewe aanmerkings nie van my sal duld nie. Hy het my baie duidelik laat verstaan dat dit wat ek sê 'n effek op ander het en dat ek 'n enorme verantwoordelikheid het om dit wat ek sê te sê asof ek dit in die teenwoordigheid van Jesus sê. Vandag nog krimp ek ineen as ek iemand onbedagsame, kwetsende, onnodige aanmerkings hoor maak.

Gesonde menseverstand beteken ook allermins om jou anders voor te doen as wat jy is. Dit is juis belangrik om te wees wat jy voorgee om te wees, om te bedoel wat jy sê. En dit beteken meer as om oordeelkundig, taktvol en eg hoflik te wees. Dit beteken ook om te weet dat dit soms nodig kan wees om plig voor plesier te stel, om na iemand anders se raad te luister, om jou eie gesonde oordeel te vertrou.

Gesonde menseverstand is nie iets waarmee ons gebore word nie. Nee, ons leer dit aan – moeisaam, ja, maar dis altyd deur en deur die moeite werd.

Kreatiwiteit

Jacob Bronowski, wêreldberoemde Pools-Amerikaanse wiskundige en wetenskaplike, sê in sy boek *The ascent of man* die volgende:

> Dit wat ons die kulturele evolusie noem, is in werklikheid die evolusie van die menslike verbeelding ... Die oorsprong van wetenskap en kuns kan waarskynlik aan dieselfde menslike gawe toegeskryf word: die vermoë om die toekoms visueel voor te stel, om te antisipeer wat kan gebeur en gereed te maak daarvoor, om vir onsself toekomstige handelinge voor te stel en hulle in ons gees te verplaas na die verligte muur van 'n donker grot of die televisieskerm.

Om iets (in) te sien wat ander nie kan (in)sien nie, om met nuwe idees vorendag te kom, om iets nuuts in die alledaagse raak te sien (soos die outjie wat by 'n peperduur winkel met antieke meubels verbyloop en sê "Dis nou vir jou antieke meubels teen buitengewoon moderne pryse!"), om jou manjifieke verbeelding te gebruik – dít is kreatiwiteit.

Thomas Mann, die befaamde Duitse skrywer, sê mos: "Daar is net een ding wat sterker is as al die leërs ter wêreld, en dit is die juiste idee op die juiste tyd."

Dit is baie hartseer dat ons samelewing so dikwels nie in staat is om ware kreatiwiteit na waarde te skat nie; dat dit vir sterwelinge so moeilik is om ander se prestasies te erken, terwyl hulle so maklik met ander se verlies simpatiseer.

In die wonderlikste Boek van alle boeke word ons geleer om ander te gun wat ons vir onsself gun, maar tog luister ons nie, pla dit ons nie dat mense sterf van die honger terwyl ons oorvloed het nie; dat mense nie klere het om aan te trek nie terwyl ons dikwels moeilik uit ons eie verskeidenheid kies; gaan ons dae lank tekere oor die redes waarom ons sporthelde nie die mas opkom nie, terwyl die mees basiese lewensbehoeftes van miljoene kinders, ook in ons mooi land, nie eens bevredig word nie. Waarom sou Moeder Teresa op 'n dag besluit om anders te wees, om vir die res van haar lewe net "iets moois vir Jesus te doen", verwerklik sy 'n goue idee? Waarom bewonder ons haar vir haar moed om haar idee uit te voer, sonder om ooit daaraan te dink dat dit binne elkeen van ons lê om die hemel hier op aarde 'n werklikheid te maak?

Kreatiwiteit beteken in wese om dinge op jou eie manier te doen, in te sien, te beplan. 'n Dertienjarige seun se beskrywing van 'n baba wat huil, lui: "As jou oë so blinkvol trane is, maak jy my ook hartseer."

Kreatiwiteit is die vermoë om in 'n positiewe sin anders te wees, nie ter wille van blote onvolwasse opstandigheid nie, maar ter wille van die skep van iets nuuts, iets opbouends, iets beters. Die besonder kreatiewe mens is propvol idees, al sal die meeste daarvan nie uitgevoer word nie. Feitlik alle kinders kan op vier- tot vyfjarige ouderdom kreatief wees; teen die ouderdom tien tot elf is een uit elke drie steeds kreatief. Een uit elke tien is op die ouderdom van 15 tot 16 nog kreatief. Teen 25, 26 jaar is slegs een uit elke 50 mense steeds kreatief. As 'n mens in ag neem hoe nodig enige bevolking ondernemers het, skrei sulke feite ten hemele.

Breindominansie

Oor die verskil tussen die linker- en die regterbrein is verskeie boeke geskryf. Kortliks weet ons vandag dat die linkerbrein taal, syfers, lees, skryf en praat hanteer, terwyl die regterbrein die "kunstak" verteenwoordig: dit hanteer musiek, ruimtelike vermoëns, intuïsie en verbeelding. Kreatiwiteit vereis dat ons beide helftes van ons brein behoorlik gebruik. Wanneer ons byvoorbeeld sing, lees ons note (linkerbrein) en bring ons musikale klanke voort (regterbrein). Wanneer ons lees van 'n mooi meisie (linkerbrein), ontstaan die behoefte om haar te bemin (regterbrein). Ons soek deurentyd na balans tussen die twee helftes, wil voortdurend 'n geheelprentjie ontwikkel.

Die wêreld bly 'n wonderlike plek, vol asemrowende verrassings en moontlikhede. Die grootste geskenk wat enige ouer aan sy kind, onderwyser aan sy leerlinge, kind aan sy ouer kan gee, is om hierdie verwondering te koester, te behou, te bevorder. Wanneer 'n mens iets hiervan

ervaar, weet jy waarlik: *jou wêreld is so wyd soos jou verbeelding*; reik jy waarlik na die sterre. *En as dit beteken dat jy vir ewig iets van 'n kind moet bly, bly asseblief dan een.*

Weetgierigheid/nuuskierigheid

Kreatiwiteit sluit ook nuuskierigheid (weetgierigheid) in. Necka gee die volgende vyf riglyne om weetgierigheid te stimuleer:

- Moet nooit vrae vermy nie. Beloon en waardeer vrae eerder as om dit te vermy. Hou soms vraagsessies waarin die kinders enige soort vrae kan vra, soveel as wat hulle wil. Skryf gerus hierdie vrae neer en rangskik dit in klasse. Die vrae mag egter nie gekritiseer word nie!
- Maak en hou jou vrae "oop": dit is beter om vir 'n kind te vra om vir jou te vertel wat hy geteken het as om vir hom te vra of hy 'n beer of 'n

leeu geteken het. Op die vraag "Wat beteken jou idee?" het Faraday geantwoord: "Wat is 'n pasgebore baba werd?" Vra gerus vir die kind wat, na sy mening, deur die kop van mense soos Faraday, Einstein en ander gegaan het toe hulle hul ontdekkings gedoen het. Dit is selfs 'n idee om kinders letterlik die rol van hierdie en ander ontdekkers te laat *speel*. Kies iets soos 'n mes/ballon/flits en vra jou kind om vir jou te sê wat, na sy mening, in die kop van die uitvinder plaasgevind het om die voorwerp tot stand te bring.

- Vra belangrike vrae en laat 'n "broeitydperk" toe vir die beantwoording daarvan. Moenie vrae altyd dadelik beantwoord of net laat nie. Gebruik die sogenaamde "Ek wonder of dit *regtig* ..."-tegniek sodat jou kind leer om niks sonder meer te aanvaar as die enigste waarheid nie.
- Moet *nooit* die indruk probeer skep dat jy alles weet nie, of dat die menslike kennis van sake volledig is en dat daar slegs 'n paar uitstaande probleme oor is wat nog onopgelos is nie. Inteendeel, die besef dat ons nie alles weet nie, stimuleer juis denke, ondersoeke en vrae.
- Kreatiewe mense is nie noodwendig besonder intelligent nie, en andersom. Die belangrikste ding wat hierdie eienskappe in gemeen het, is dat albei deur harde werk ontwikkel kan word en dat hulle mekaar skitterend aanvul.

Intelligensie

Binet, wat intelligensie oorspronklik gedefinieer het en wie se intelligensietoets die eerste betroubare maatstaf vir intelligensiemeting was, het intelligensie omskryf as "... judgment, otherwise good sense, practical sense, initiative, the faculty of adapting oneself to circumstances". Maar intelligensie is nie allesbepalend vir prestasie nie.

Feldman se navorsing het een ding baie duidelik uitgewys: Lewensprestasie word in 'n sterker mate bepaal deur iemand se vermoë om betrokke te bly as deur enigiets anders. Hy beskryf dit as:

> "(the ability to) ... be unusually focused, determined, and highly motivated to reach the highest levels of their field."

Intelligensie word gewoonlik in terme van die volgende begrippe gedefinieer:

- die vermoë om by nuwe situasies aan te pas (die grootste gemene deler in alle definisies)
- 'n vermoë om te leer

- 'n vermoë om abstrakte verbande en simbole te hanteer
- 'n vermoë om nuwe en uiteenlopende probleme op te los.

Hierdie definisies val in drie hoofklasse, te wete:

- definisies wat aanpassing by die persoon se omgewing beklemtoon
- definisies wat op die persoon se leervermoë fokus
- definisies wat abstrakte denkvermoë beklemtoon – die vermoë om 'n wye reeks simbole en konsepte, asook verbale en numeriese simbole te gebruik.

Van Eeden, wie se weergawe van die individuele intelligensietoets meestal in hierdie land gebruik word, sê weer dat "... *intelligensie* en verbuigings daarvan ... *ontwikkelde akademiese potensiaal* impliseer". Dit is ook my siening van hierdie komplekse en moeilike begrip. *Ek glo daar bestaan 'n baie sterker verband tussen prestasie op alle vlakke van die lewe en harde, eerlike werk as tussen 'n kliniese IK-syfer en lewensukses.* Daar kan ook gesê word dat intelligensietoetse eerder toon wat die kind reeds geleer het, as dit waartoe hy in staat is. Om die waarheid te sê, wêreldberoemde navorsers soos Hebb en Vernon het reeds jare gelede daarop gewys dat ons verkieslik moet praat van:

- intelligensie A, oftewel daardie aangebore deel van enige mens se intelligensie wat in elk geval nie deur enige toets gemeet kan word nie
- intelligensie B, of ontwikkelde intelligensie, wat wel gemeet kan word
- intelligensie C, wat beteken dat ons in elk geval net 'n monster van enigiemand se intelligensie kan neem.

Laastens: 'n kind wat laat ontwikkel, 'n sielkundige wat 'n "af dag" beleef, wisselende huislike en ander omstandighede, emosionele faktore – dit is alles voorbeelde van omstandighede wat die meting van IK op 'n spesifieke dag mag beïnvloed en wat my by herhaling laat waarsku: interpreteer hierdie syfer met die grootste omsigtigheid!

8

Motivering en ambisie, die wil om te presteer, verantwoordelikheid en eerlikheid

> Sonder motivering en ambisie, die wil om te presteer, verantwoordelikheid en eerlikheid kan jy die verste sterre in jou lewe nie bereik nie.

Die volgende brief kom van een van die heel beste presteerders wat ek ken.

> In my opinion your ability to reach the stars lies in two personal aspects: ambition and motivation. Ambition is the key to greatness and success – you must believe that you can and will reach your destination before setting out on the path of life and you must never stop believing that you will eventually arrive at your goal. This, however, depends on motivation. Motivation must not come from your friends, family or money, but from within yourself. After all, when you finally reach your goal, your "stardust", it must be you who can rightfully lay claim to it. In short, if you know where you are going, how to get there, and if you can look yourself in the face each day and say, "I will succeed," and believe it, there are no limits, not even the stars.

Motivering en ambisie

Hoeveel keer in my lewe het ek dit nie al gesien nie: 'n belangstellende ouer neem sy kind wat twyfel oor sy beroepskeuse na, byvoorbeeld, die mediese fakulteit, of 'n mediese spesialis. Heel dikwels word dit die rigtinggewende en motiverende insident in sy lewe.

Wat is motivering? Enigeen van ons ken daardie gevoel van tinteling, van opgewondenheid wanneer ons iets aanpak wat ons werklik geniet (dink aan die gevoel wanneer jy jou meisie se hand vashou). Ek wil dit gelykstel aan die woordjie "stardust". Die *Oxford dictionary* praat van "stardust" as "*a twinkling mass, a romantic, mystical sensation*". Met ander woorde, opgewondenheid is 'n noodsaaklike deel van motivering. Hoe dikwels moet ons 'n opdrag of versoek nie tot vervelens toe herhaal voordat 'n kind oorweging skenk daaraan om dit uit te voer nie – en dis jammer. 'n Aanhoudende geneul het gewoonlik juis die teenoorgestelde effek. Veel eerder stel ek vir elke ouer voor: vra een keer en skryf daarna die versoek neer – iewers waar jou kind noodwendig dikwels daarin moet vaskyk.

Onlangs moes ek vir myself lag. Ek het jare gelede vir 'n regte klein sukkelaartjie se ouers hierdie raad gegee. Ek het ook vir hom gesê om alles wat hy dink hy gaan vergeet, alles wat hom motiveer, op 'n prominente plek neer te skryf, verkieslik op 'n stukkie papier teen sy spieël, sodat hy daarin moet vaskyk wanneer hy sy hare kam. Hy het binne twee jaar verander in 'n puik student en mens. Van 'n potensiële druipeling het hy verander in 'n student wat tans in 'n B. Com.-rigting studeer en hy presteer werklik goed. Onlangs het hy my besoek en ek vra hom om in 'n neutedop vir my te sê waarom hy soveel ten goede verander het. Hy het my ewe verbaas aangekyk en gesê: "As 'n mens soveel keer per dag in 'n positiewe boodskap vaskyk, kan jy mos nie anders as om dit later te onthou en daarvolgens op te tree nie!"

Uit my ervaring kan ek nog talle verhale vertel wat bogenoemde staaf. Daar is byvoorbeeld die outjie wat deur 'n onderwyser na 'n spesiale skool verwys sou word omdat hy skynbaar nie oor die vermoë beskik het om standerd sewe in 'n normale skool te slaag nie. Dieselfde leerling het matriek met onderskeidings in wiskunde en natuur- en skeikunde geslaag en is tans 'n student in ingenieurswese.

Sodra 'n kind gemotiveerd raak om te leer ter wille van leer, met ander woorde, sonder motivering van buite (soos goeie punte, lof, beloning, en dies meer) en sodra hy leer om in die eerste plek na betekenis en sin vir homself te soek, beskik hy oor 'n *megavaardigheid* wat hom baie ver in die lewe kan bring. Onthou gerus dat ons nie op universiteit verwys na dom of slim studente nie. Ons praat eerder van studente wat hard werk en presteer of van studente wat nie hard werk nie en nie presteer nie.

'n Mens se wil om te presteer, sy deursettingsvermoë, sy selfdissipline, sy werkywer en sy harde werk gaan eindelik bepaal of hy gaan slaag of nie – veel, veel meer as wat 'n arbitrêre intelligensiesyfer wat kwansuis alles omtrent 'n mens se verstandelike vermoëns/aanleg verklap, op sigself gaan doen. Die volgende reëls is by uitstek op presteerders van toepassing:

> The great heights reached by men
> and kept
> were not attained by sudden flight
> but they,
> while their companions slept,
> were toiling upward through the night.

Onthou dit gerus.

Die binnebaan in die lewenswedloop hang meer af van jou wil en bereidheid om elke dag hard te werk as van blote talent.

Die behavioriste se siening van motivering

Die behavioristiese skool lê die klem op sogenaamde eksterne motivering. Dit beteken dat 'n mens se ouers, onderwysers en ander mense se reaksie op jou pogings deurslaggewend is vir jou eindelike sukses of mislukking. As hierdie mense jou pogings en prestasies genoegsaam beloon en aanprys (versterk), hou jy aan om te presteer. Aanprysing kan in die vorm van lof, 'n goue sterretjie, positiewe kommentaar of 'n goeie slaagpunt wees. Indien mense jou nie genoegsaam aanmoedig of beloon nie, moet jy jouself beloon deur elke keer wanneer jy iets vermag het, iets te doen wat vir jou lekker is; deur trots te wees op jou prestasies; deur altyd vir jou nuwe doelstellings daar te stel. Klop jouself op die skouer, geniet jou prestasies – hoe gering ook al.

Piaget se siening van motivering

Piaget beskou motivering veel eerder as iets wat vanuit jouself moet kom. Hy beweer dat jy jou doel in hierdie lewe sal bereik indien dit vir jou sin maak, indien jy dit as die moeite werd beskou om daarvoor te werk.

'n Geheelbenadering

Ek glo eerder aan 'n geheelbenadering ten opsigte van motivering.

Dit beteken dat daar voortdurend 'n balans moet wees tussen interne en eksterne motivering. Oormatige en eensydige beklemtoning van een van die twee lei maklik tot sekondêre probleme.

Dit is dus van die grootste belang dat ander toepaslike erkenning gee aan jou lewensprestasies, hoe gering dit ook al vir jou mag klink. Dit is egter ewe belangrik dat jy so gou moontlik leer om vir jouself te werk, om teen jouself te presteer en daarom net jou beste in elke taak te doen.

Die wil om te presteer

Goeie opvoeding en onderrig alleen waarborg nie sonder meer sukses nie. Jy moet ook glo in jou eie vermoëns, glo dat jy iets kan bereik, sukses kan behaal. Jy moet dit natuurlik ook *wil* doen. Indien jy nie glo dat jy iets kan doen nie, sal jy heel waarskynlik ook nie moeite daarmee wil doen nie. Jou keuse van wat jy graag wil word, graag wil bereik, bepaal in 'n groot mate hoe hard jy bereid is om te werk ter wille van jou doel en hoe lank jy sal aanhou, selfs wanneer jy voor probleme te staan kom. Soos een van my onderwysers dit gestel het: "Jy kan word wat jy wil, as jy net graag genoeg wil."

'n Jong swart seun in die Winterveld sê op 'n dag vir sy onderwyseres dat hy eendag 'n mediese dokter wil word. Op haar vraag antwoord hy dat hy eendag finansieel in staat wil wees om hoendervleis en eiers te kan eet want hulle gesin is eenvoudig te behoeftig om sulke weelde te kan bekostig. Vandag is hy 'n mediese spesialis wat sekerlik 'n dosyn eiers en hoenders per dag kan eet as hy sou wou.

'n Swart dogter se onderwyseres raas op 'n dag met haar omdat sy nie tydens pouses met haar maats speel nie, maar sit en wiskunde doen. "Juffrou," sê sy, "ek kan dit nie bekostig nie. Sien, my pa sê ons het nie genoeg geld vir kerse of paraffien nie. Wanneer dit saans in ons hut donker word, dan kan ek nie meer werk nie. Ek wil my werk klaarmaak want ek WIL iewers kom." Dieselfde vrou het op datum reeds twee doktorsgrade behaal.

Veel sterker as die blote motivering om sukses te behaal, is die wil om te presteer. Om te wil, beteken om nie alleen bereid te wees om 'n taak aan te pak nie, maar om *dit ook deur te voer,* om gedissiplineerd te wees, pligsgetrou te wees, vlytig, ywerig te wees. Dit bly interessant, maar jammer, dat soveel kinders dikwels alles sal gee om op die sportveld te presteer, maar nie daarin slaag om eens naastenby dieselfde ywer op skoolvlak aan die dag te lê nie. Lyn Corno sê dat die vermoë om pret in 'n taak te vind 'n onontbeerlike deel van die wil is om dit suksesvol deur te voer. Sy illustreer dit met die volgende reëltjie uit Mary Poppins: "... *find the fun in every job that must be done."*

Om 'n taak deeglik af te handel, is pret. Inspanning bring bevrediging. Vra gerus enige sportman. Geestelike inspanning is enige dag net so 'n belangrike deel van sportbeoefening as fisieke inspanning. Vra ook 'n

skrywer, kunstenaar of wiskundige. Dit is waarlik opwindend om jou verstand te gebruik. Dit is moontlik dat 'n uur se huiswerk nie dieselfde graad van bevrediging lewer as 'n halfuur se draf nie – die genot is egter steeds daar.

Die wil om iets aan te pak en te volvoer is die goue weg na bekwaamheid, vaardigheid, bedrewenheid en beheersing. Hierdie dinge bied minstens net soveel genot, plesier en bevrediging as enigiets anders.

Verantwoordelikheid en eerlikheid

In Wechsler se Intelligensietoets vir volwassenes sal jy onder meer die volgende vragie aantref: Wat sal jy doen as jy 'n koevert met 'n seël en 'n adres daarop aantref? Ek kan hierop uitbrei: Wat sal jy doen as jy 'n ander persoon se beursie optel? Wat maak ek as ek my beste vriend sien afskryf in 'n toets? Wat maak ek as ek by 'n winkel verbyry en ek sien twee inbrekers besig om 'n venster stukkend te slaan?

Verantwoordelikheid het alles te make met persoonlike waardes. Oor reg en verkeerd hoef ouers, onderwysers en dosente eintlik weinig te sê maar eerder alles te doen. Om vir 'n kind of leerling te katkiseer oor hoë morele beginsels en waardes terwyl jy self die kat in die donker knyp, rig eindelose skade aan.

Verantwoordelikheid strek ook verder. Dit het onder meer te make met sorg. Ek hoor vandag nog my vader sê: "Jy eet nie voordat jou troeteldier nie geëet het nie: onthou altyd dat jou diere nie self kan praat nie maar op jou aangewese is om namens hulle te praat." Verantwoordelikheid het te make met keuses; dit beteken ook om die grense te aanvaar waarbinne jy mag kies. Enigeen is vry om te kies wat hy wil doen, waar en wanneer hy dit wil doen, maar dan moet hy bereid en in staat wees om die verantwoordelikheid vir sy keuses self te dra. Ewe min as wat 'n leerling in standerd sewe kan kies of hy teen 200 kilometer per uur in 'n besige straat wil afjaag, kan hy op 'n vroeë ouderdom self besluit of hy skool toe wil gaan of nie, of hy matriek (goed) wil slaag of nie, of hy hard wil studeer of nie. Daar is eenvoudig altyd in hierdie lewe sekere *grense* waarbuite ons nie mag kies nie.

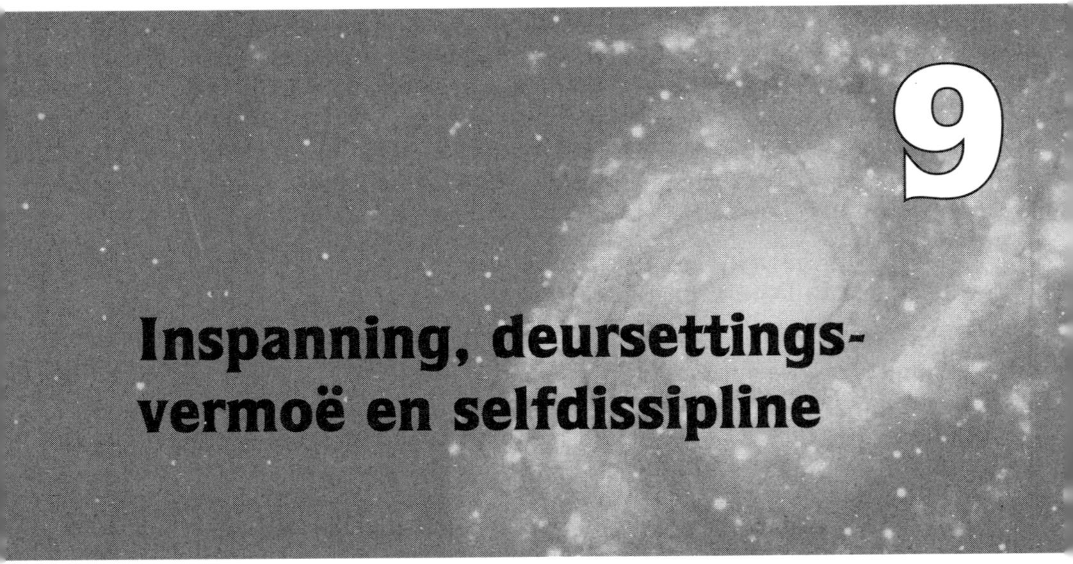

9

Inspanning, deursettingsvermoë en selfdissipline

Dit is nie altyd die "lekkerste" pad wat jou eindelik na die sterre sal lei nie, maar wel die een waar jy soms heelwat sal moet opoffer.

Vir my is die volgende aanhaling uit Timoteus van besondere waarde: "Streef na opregtheid, toewyding aan God, geloof, liefde, volharding, minsaamheid. In die goeie wedloop van die geloof moet jy al jou kragte inspan en die ewige lewe as prys behaal." Wat ek verder in hierdie gedeelte sê, moet in die lig hiervan gelees word.

Inspanning

Thomas Edison het destyds al gesê dat briljantheid 1% inspirasie en 99% perspirasie is. Inspanning sluit studie in, maar dis meer as dit! Studie is die voorbereiding vir egte arbeid in 'n mens se beroep. Kyk gerus, jou studiepatroon op skool word jou werkspatroon in jou latere lewe. *Laat ek dit weer sê: Die beste voorspeller vir latere beroepsukses en lewensukses is 'n leerling se studie-prestasieprofiel op skool.* Veel meer as die uitslag van watter IK-toets ook al, voorspel 'n mens se studiepatroon hoe jy in die latere lewe gaan vaar. Die ouens wat hard werk, presteer dienooreenkomstig, en andersom. Studie verbeter nie slegs die kind se prestasie nie, dit laat altyd ook 'n psigiese oorblyfsel agter – daar bly iets in hom oor; iets vryf op hom af en hy kry algaande 'n groter verwysingsraamwerk. Anders gestel: hy kom met elke nuwe stukkie inligting wat hy bemeester 'n klein bietjie nader aan die sterre in sy lewe.

Daar kan alleen maar basiese riglyne vir studie gegee word. Elke vak het mos maar sy eie struktuur en aard. Tog help dit as elke kind tot die besef gebring word dat studie 'n saak van erns is en dat hy op verantwoordelike wyse sal moet studeer. En onthou allereers: daar is geen kitsresep vir sukses nie. Jy klim stappie vir stappie nader aan die sterre in jou lewe, vergaar kennis met 'n lepel en nie met 'n skepel nie.

Die volgende algemene riglyne geld vir elke leerling ten opsigte van elke vak – dit is sy verantwoordelikheid/reg om:

- gereeld te studeer – by 'n studieplek wat behoorlik ingerig is, met genoeg boeke en skryfbehoeftes, met behoorlike jaarbeplanners (een om al sy aktiwiteite in neer te skryf, een om sy studievordering te monitor; indien hy sy vordering grafies kan voorstel, des te beter) en 'n dagboek om sy opdragte in neer te skryf.
- stelselmatig en oordeelkundig te studeer op vooraf duidelik uitgestippelde tye – geen telefoonoproepe word tydens studie-ure ontvang nie, ook geen besoekers nie; met ander woorde, leer jou kind om sy tyd effektief te bestuur. Ruim behoorlik tyd in vir ontspanning/sport/ekstra klasse, debat; monitor voortdurend sy program en maak seker dat jou kind nie oorlaai is nie.
- te besef dat studie nie 'n straf is nie, maar 'n geleentheid tot selfverwesen iking; kyk, so ver moontlik, of jy nie sy studie vir hom 'n plesier en aangenaam kan maak nie.
- eerlik, getrou, gewillig, blymoedig en met optimale inspanning te studeer; by tye saam met maats wat min of meer soos hy dink en voel; met hulle te praat oor sy studies.
- te alle tye entoesiasties en positief oor sy studies te probeer bly; vir sy ouers sal vertel van sy onderwysers: wie hulle is, wat hulle doen/sê/van hom verwag; met ander woorde, gee vir hom die sein dat jy waarlik belangstel; nooi hulle gerus uit vir ete, maak met hulle kennis, kommunikeer met hulle, stel ook opreg in hulle belang.

- te glo dat hy oor die nodige talente beskik om 'n sukses van sy studie te maak.
- aan homself verwagtinge te stel vir die prestasie wat hy wil bereik.
- sy werkopdragte met ywer en selfvertroue aan te pak; in sy eie styl. Elkeen van ons het 'n unieke styl en ander moet dit respekteer. Een kind wil sy studies tydens een sitting afhandel, nog een wil dit in drie sessies afhandel; nog een wil tussen sessies stap/koeldrank drink/radio luister; respekteer dit.
- nie bang te wees om soms ook nuwe foute met sy studie te begaan nie.
- te verwag dat jy as ouer behoorlik sal belangstel in sy studies; dat jy sal seker maak hy het nie 'n fisieke gebrek (swak oë/ore/gesondheid) of 'n emosionele probleem wat leer in die wiele ry nie.
- ontvanklik te wees vir nuwe studie-idees.
- gedissiplineerd te studeer en ernstig te wees om sy doelwitte met studie te bereik.

Einstein het al daarop gewys dat daar baie min mense is wat selfs net een vyfde van hulle breinkrag in hulle totale leeftyd benut. Die maksimum benutting van die kind se brein is slegs moontlik indien hy bereid is om sy eie breinvermoëns nie slegs te ontdek nie, maar veral ook deur doelgerigte studie te ontgin.

Die benutting van breinvermoë word vroeg reeds aangewakker of gedemp. Elke keer wanneer 'n klein kind by sy ouer pleit: "Laat ek asseblief ..." breek 'n kosbare onderrigoomblik aan wat vir ewig verlore gaan indien dit nie benut word nie en wat maak dat kinders weldra nie meer wil nie. Dan wonder ons nog waarom hulle ongemotiveerd en lui is en nie 'n taak kan volvoer nie.

Keer op keer skryf topstudente hulle sukses toe aan hulle gewilligheid om meer te doen as wat hulle onderwysers van hulle verwag het. Die Bybel sê tereg dat 'n mens bereid moet wees om ook daardie ekstra myl te loop. Sukses – selfs vir die heel begaafdste mense – kom nooit skielik nie, maar is die resultaat van baie ure se *harde werk.*

Begaafdheid

Whybra wys daarop dat daar, breedweg gesien, tussen drie tipes begaafdheid onderskei kan word:

- Die Da Vinci-tipe begaafdheid, wat dui op begaafdheid in 'n wye reeks vaardighede en vakgebiede.
- Die Mozart-tipe begaafdheid, wat dui op begaafdheid in een area.
- Die Churchill-tipe begaafdheid, wat daarop dui dat die kind nie begaafd is in die tradisionele skoolsin nie. So 'n kind doen dikwels nie juis goed in een spesifieke skoolvak nie. Hulle vaardighede lê dan in areas wat nie met skoolvakke verband hou nie.

Die waarheid is eenvoudig dat luiheid nie oorgeërf is nie maar aangeleer word. Ouers word dikwels onregverdig geblameer vir baie van hulle kinders se probleme, maar in die geval van 'n kind wat te lui is om te leer/aan sport of kulturele aktiwiteite deel te neem, is dit werklik net die ouer se eie skuld. Waarom is kinders lui? Omdat hulle, veral in welvaartsomstandighede, nooit werklik geleer word om hulleself in te span nie. Wanneer die kind in die laerskool kom word daar boonop heel dikwels te min van hom verwag. Veral vir die hoogs begaafde kind is die standaard van die werk soms heeltemal te laag. Verder is huiswerk dikwels heeltemal ontoereikend om regtig die idee by hulle in te skerp dat hulle hulle moet inspan – én dan is ma boonop byderhand om die huiswerk namens die kind te doen of daarmee te help. Dit kan die begin van 'n bose kettingreaksie wees. 'n Intelligente kind wat nie geleer word om te werk nie, word werklik lui – lui om te leer én lui om te werk. 'n Lui leerling word te dikwels 'n lui student en nog later 'n lui volwassene wat nooit sy volle potensiaal verwesenlik nie.

Pas gerus die volgende riglyne toe – ouers op hulle kinders, kinders op hulself – en jy sal dalk verbaas wees oor die resultate:

- Sê vir jou kind/jouself dat jy hard gewerk het, wens jouself geluk met jou arbeid, wanneer jy moeite gedoen het met watter taak ook al.
- Wens jou kind geluk met sy harde werk, sê vir hom dis mooi.
- Elke keer as jy sukses met 'n taak behaal, sê jy vir jouself dat dit daaraan te danke is dat jy hard gewerk het, nie omdat jy gelukkig was of omdat jy die aanleg vir die taak gehad het nie.
- Maak 'n lysie van die daaglikse en weeklikse take van elke kind: wasgoed was en ophang, inkopies doen, gras sny, stofsuig, kos kook, skottelgoed was, kamer aan die kant maak, bed opmaak, vullis verwyder, troeteldiere kosgee, motor was. *Wys* vir jou kinders hoe om die werk te doen, maar moet dit nooit uit hulle hande neem nie. En onthou altyd die woord bevatlikheidsvermoë: begin met eenvoudige, kort take en gaan later na meer komplekse take wat moeiliker is om af te handel.

Die boodskap behoort duidelik te wees: harde werk, inspanning, kom eerste; daarna eers aanleg/intelligensie/vermoë.

Hierdie reëls werk werklik.

Deursettingsvermoë

"Werk, werk, werk en nogmaals werk – 25 uur per dag, 8 dae per week!" (Die antwoord van 'n topstudent in wiskunde toe ek hom vra waaraan hy sy sukses toeskryf.)

"As meneer sê dis nou die laaste 'push-up', dan sê ek vir myself: Nog net tien, dan is jy klaar."

"Ek het vir die Here gesê: 'Here, help U my net om my voet op te tel; ek sal dit wel weer neersit!'" (Die antwoord van die beste kandidaat-offisier toe ek hom gevra het hoe hy dit reggekry het om die kandidaat-offisierskursus met die hoogste gemiddeld te slaag.)

Wat het al hierdie antwoorde gemeen? Elkeen was bereid om daardie ekstra tree, daardie ekstra myl, te gee – daardie ietsie meer as sy vriende te doen. Dit is waarin die verskil tussen besondere sukses en gemiddelde prestasie geleë is, naamlik die bereidheid om daardie iets ekstra in te sit.

Selfdissipline

Wanneer jy iemand die volgende woorde hoor sê, weet jy hy weet wat selfdissipline is:

"Nee dankie, gaan fliek julle maar gerus. Ek skryf volgende week toets en ek moet swot."

"Kyk, ouens, dis lekker om oor politiek en meisies te gesels, maar ek het nog sommer baie werk om te doen en die aand is nie meer so lank nie. Julle moet nou eers loop sodat ek kan werk."

"Ek sal wel die finale uitslag van die wedstryd op televisienuus sien. Nou wil ek eers self gaan oefen/studeer."

Wat is selfdissipline? Vir my is dit die bereidheid om op die kort termyn iets op te offer ter wille van 'n meer verhewe, verder geleë oogmerk. Om iets van jouself prys te gee ter wille van iets anders, is 'n ervaring wat jy self moet beleef om die dieper waarde en bevrediging daarvan te besef.

Inderdaad: "It is in giving that we receive; it is in dying that we are born to eternal life."

10

Empatie, emosionele stabiliteit en 'n gesonde temperament

> Sonder die karaktereienskappe van empatie, emosionele stabiliteit en 'n gesonde temperament kan niemand sy ware self na vore bring nie.

Wat jy in ander vind, is gewoonlik dit waarna jy soek. Wat jy in ander sien, sy dit positief of negatief, is dikwels 'n weerkaatsing van jou eie innerlike goeie of slegte. Die empatie wat jy van ander ontvang, reflekteer gewoonlik grotendeels die mate van empatie wat jy teenoor ander ten toon stel. Ek hoor my vader vandag nog: "Uilspieël het tereg gesê: 'Ander hou nie van my nie, maar ek maak daarna.'"

Empatie

Simpatie beteken om tegelykertyd dieselfde emosie as 'n ander te kan voel terwyl empatie daardie ontwykende begrip is waarna ons almal soek, naamlik die vermoë om jou in 'n ander se situasie in te leef, om daardie persoon ten volle te verstaan.

Laat ek dit illustreer. Een mooi dag het 'n matriekseun 'n baie skurwe opmerking gemaak oor 'n onderwyseres (toegegee: sy was dalk nie die aangenaamste of fyns afgewerkte persoon wat ek nog teëgekom het nie). Onmiddellik het 'n klasmaat, so 'n groot, gemoedelike, ster van 'n mens, opgestaan en sy sterkste beswaar aangeteken:

> Meneer, ek is ook nie 'n 'fan' van juffrou X nie – maar sowaar, so praat 'n man nie van 'n vrou nie. Wie weet waarom sy so optree? En bowendien: vir dieselfde prys kon sy my ma, my meisie, my vrou of my suster gewees het.

So terloops, dieselfde seun het by 'n ander geleentheid nog 'n maat skerp aangespreek oor dié se onbeskoftheid teenoor 'n ander onderwyseres. In sy woorde:

> Jy kwalifiseer in my oë nie juis vir die Suiderkruismedalje in goud omdat jy bewys dat jy 'n weerlose vrou kan afknou nie!

Albert Mehrabian sê dat slegs 7% van enige boodskap deur woorde oorgedra word en die res deur liggaamstaal. Met ander woorde, 'n mens se stemtoon, intonasie, gebare, gesigsuitdrukkings en houdings is van essensiële belang wanneer 'n mens empatie wil oordra.

Wat is empatie *nie?* Om jou hart uit te huil voor jou televisiestel omdat jy 'n hartseer verhaal van walvisse wat in pakys vasgevang is voor jou sien afspeel, of omdat jy 'n hartseer episode in 'n sepie aanskou, of omdat jy 'n bekende persoon se persoonlike leed voor jou oopgevlek sien en kort daarna jou ma, pa, broer, suster, vriend, troeteldier afjak. Nee, dis gewoon huigelary. Om egter vir jou kind te leer dat selfsug gewoon swak is, dat hy nie die enigste een is wat aanspraak op liefde, aandag begrip het nie en om ander gesinslede/vriende/familielede te konsidereer wanneer hy laat saans inkom – dit is nader aan empatie.

Tydens my jare in die onderwys (waar ek hoofsaaklik wiskunde gegee het) het ek probeer om een keer per maand 'n punt daarvan te maak om geen huiswerk te gee nie. Ek het die leerlinge, in alle klasse, alle standerds, versoek om daardie middag een of meer van die volgende te doen:

- Vir hulle moeder en vader 'n briefie te skryf waarin hulle dankie sê vir liefde, aandag, sakgeld – vir alles.
- Vir hulle moeder en vader 'n roos of ander blom te pluk of 'n sjokolade te gee om te wys dat hulle hul ouers waardeer.
- Om die daaropvolgende dag terug te rapporteer wat hulle ouers se reaksie was indien hulle wil.

Hierdie versoek, glo ek, het vir die meeste leerlinge veel meer beteken as nog 'n dag se wiskunde; het hulle bygebly lank nadat hulle vergeet het van die stelling van Pythagoras. Tydens hierdie terugrapportering het ek meer geleer omtrent sekere leerlinge se huislike agtergrond en omstandighede as op enige ander manier. Leerlinge kon dit mondeling of skriftelik doen en 'n baie groot persentasie van hulle het die geleentheid gebruik om te sê hoeveel hulle dit waardeer het, wat dit vir hulle en hul ouers beteken het om vir mekaar te kon sê hoeveel hulle mekaar waardeer, hoe lief hulle vir mekaar is Dan was daar ook die outjies wat vir my kom sê het, selfs voor die klas, dat hulle ouers geskei is, oorlede is, nie met hulle wou kommunikeer nie. Indien ek hul toestemming kon verkry, en ek na my oordeel vir die res van die klas hieruit 'n les kon laat leer, dan het ek hierdie verhale met die res van die klas gedeel. Dit was gewoonlik vir leerlinge besonder versoberend om vir 'n verandering te luister, te hoor dat ander leerlinge hul eie storie te vertel het – dikwels 'n storie wat in die meerderheid gevalle wedersydse begrip en empatie bevorder het, nie alleen tussen ouers en kinders nie, maar ook tussen leerlinge onderling, tussen onderwyser en leerlinge – empatie wat op geen ander manier sou ontstaan nie.

Daar was die sportheld wat vir my gesê het dat sy moeder vir hom nag kom sê het die aand nadat hy vir haar 'n briefie geskryf het: "Meneer, ek het soveel jare gewens sy wil vir my ook vashou en sê sy is lief vir my"; die normaalweg besonder gereserveerde matriekdogter wat vir my vertel het van haar "harde" pa se trane toe sy vir hom 'n briefie op sy kussing gelaat het. Ook hier geld die reël: die moeilikste deel van enige reis, ook die reis na 'n ander se hart, is die eerste tree.

Empatie beteken laastens dat ek op enige terrein van die lewe kan verloor, maar steeds my waardigheid en menslikheid moet behou. Dat ek sal weet om stylvol 'n opponent geluk te wens wanneer hy my in 'n belangrike wedstryd geklop het/in 'n aansoek om 'n betrekking uitgestof het/ beter as ek gedoen het in 'n eksamen, en dat ek dieselfde van hom kan verwag.

Emosionele stabiliteit

Elkeen van ons ervaar daagliks talle emosies wat wissel van blydskap tot woede, nuuskierigheid en wanhoop. In alles wat ons doen, is daar emosie te vind; alle emosionele ervarings het betekenis, is die basis waarop ons die meeste van ons dade baseer en medebepaal of ons *wil.*

Om te begin: kan jy vir my sê wat jou kind se vier kernemosies is? Dit is vreugde, hartseer, woede en vrees. Vreugde ontwikkel wanneer jou kind dinge ontdek, kreatief kan wees, wanneer hy 'n gesonde hoeveelheid stres ervaar. Woede ontstaan wanneer jou kind verhoed word om 'n doelwit na te streef, wanneer hy voortdurend in die rede geval word, wanneer hy misbruik word, gedwing word om dinge teen sy sin te doen, wanneer hy in langdurige stres verkeer. Hartseer ontstaan wanneer jou kind geskei word van die belangrike persone in sy lewe, as hy geïsoleer word, verwerp word of as hy nie behoorlik versorg word nie. Vrees is die kind se emosionele antwoord op gevaar.

Hoe word 'n kind emosioneel stabiel? Ek wil die vraag só beantwoord: *dieselfde vuur wat die eier laat hard kook, laat die botter smelt.* Kinders reageer verskillend op dieselfde opvoeding; ouers hoef nie noodwendig skuldig te voel oor hulle kinders se patologie of probleme nie. Ek sê egter met oortuiging dat ek saamstem: Kinders is normaalweg *intakt* wanneer hulle die wêreld binnekom. Ons maak hulle minder *intakt.*

Hoekom is die een kind se antwoorde op die *onvoltooidesinnetoets:* My vader ... is my held, my alles; My moeder ... is die beste, sy beteken vir my die wêreld; terwyl 'n ander soos volg antwoord: My vader ... gee meer om vir sy hond as vir sy gesin; My moeder ... was nooit daar vir my nie?

Die volgende antwoord van 'n sewentienjarige seun is ewe onthullend: "My vader ... is bekend as die bobaasverteller van smerige grappe langs die braaivleisvuur, maar die persoon wat my wil vermoor as ek vloek." En wanneer 'n matriekdogter vir my sê dat sy geen respek vir haar eie ouers kan hê nie omdat hulle smerige video's kyk, maar haar belet om saans na tienuur in te kom omdat hulle "kastig besorg is oor my", weet ek nie wat om te antwoord nie.

'n Ouer kan emosionele stabiliteit by 'n kind op verskeie praktiese maniere aanmoedig:

- Heg waarde aan jou kind soos hy is.
- Toon geloof en vertroue in jou kind – dit laat hom selfvertroue ontwikkel.
- Toon jou geloof in jou kind se vermoë; probeer om sy vertroue te behou en aan sy selfrespek te bou.
- Gee hom die nodige erkenning vir enige prestasie in enige opsig, in die besonder prestasie in wiskunde.
- Gee erkenning aan jou kind se inspanning *(effort)*.
- Help jou kind om sy vermoëns te ontwikkel, maar handhaaf 'n pas wat by sy ouderdom pas – fisiek, geestelik, sielkundig en normatief.
- Gee ruim erkenning aan jou kind se sterk punte en sy besondere moontlikhede.
- Gebruik jou kind se belangstellings om rigting te gee aan jou opdragte aan hom. 'n Ouer het geen besondere kwalifikasie in opvoedkunde of sielkunde nodig om sy kind te help om 'n stabiele mens te word nie. Maar dit is van ewe groot belang dat jou kind te alle tye veilig moet voel – des te meer in die tye waarin ons leef.
- Help jou kind om veilig te voel.

Dis nie nodig of jou dure plig om jou kinders se foute tydig en ontydig uit te wys nie. Dit is veel belangriker en gesonder om na kinders se sterk punte en bates te soek.

'n Gesonde temperament

'n Mens met 'n onstabiele, ongebalanseerde of ongesonde temperament sal dit besonder moeilik vind om in enige beroep suksesvol te wees voordat hy sy emosionele probleme oorwin het.

Wat verwag ek van iemand met 'n gesonde temperament?

- Dat hy 'n gebalanseerde mens sal wees. Balans is die basis van goeie menseverhoudinge. Goeie menseverhoudinge is die basis van alle lewensukses.

- Dat hy met ander moet kan kommunikeer, verhoudinge moet kan stig, bevorder en behou; met sy minderes, sy gelykes en sy meerderes.
- Dat hy sy eie emosies in toom kan hou; dat hy die spoke in sy lewe op hul plek kan hou, naamlik sy eie verdriet, woede, aggressie.

Blinde emosionaliteit ry enige dag goeie menseverhoudinge in die wiele terwyl nederigheid, humor, simpatie, verdraagsaamheid, hulpvaardigheid en geregtigheid, gegrond op ware naasteliefde soos ons geleer word, juis help om hierdie verhoudinge te stig, te bevorder en te behou. Die afdeling oor emosionele stabiliteit sal onafgehandel wees tensy ek die volgende twee versoeke tot elke ouer en elke kind rig:

- In die eerste plek: Moet mekaar nooit, maar nooit, ignoreer nie. Psigiatriese handleidings praat van hierdie onding en noem dit die "tirannieke stilte" tussen ouers en kinders. Dit is 'n buitengewoon destruktiewe daad, omdat dit juis doen wat ons nooit wil sien gebeur nie: dit breek kommunikasie tussen mense af. As jy op hierdie oomblik jou ouer of wie ook al ignoreer, pleit ek by jou om onmiddellik 'n einde te maak aan hierdie verwoestende "tirannieke stilte".
- Tweedens: Een van die negatiefste en mees vernielende "vermoëns" waaroor enige ouer (maar ook enige kind) beskik, is die "vermoë" om skuldgevoelens by sy kind te wek. Skuldgevoelens maak van jou kind 'n sku wese, dit onderdruk sy spontaneïteit, sy waaghouding, sy abstrakte denkvermoë, sy konsentrasievermoë, sy alles. As en wanneer jou kind oortree, straf hom. Maar moet hom nie maande later weer aan sy oortreding herinner nie. Ook wat sy skoolwerk betref: tree toepaslik op wanneer hy nie in ooreenstemming met sy potensiaal presteer nie. Doen die nodige om dit reg te stel, doen alles binne jou vermoë om die gaping tussen waar hy is en waar hy behoort te wees, te vernou. Maar moet hom nie ignoreer of permanent skuldig daaroor laat voel nie. Daar is baie dinge wat jy kan doen, maar om afbrekende skuldgevoelens te wek, is gewis nie een van hierdie maatreëls nie. Jy rig permanente skade aan.

  Skuldgevoelens bring 'n ander onding na vore, naamlik angs – juis omdat dit veroorsaak dat die kernbelangrike verhoudinge tussen 'n kind en die belangrikste mense in sy lewe versteur word. Angs is "abnormaal" en ongesond; dit is iets anders as vrees, wat "normaal" is en by elkeen van ons in 'n gesonde maat voorkom. Angs is nie op iets spesifiek gerig nie, of die emosie wat daardeur veroorsaak word, is buite verhouding met die bedreiging wat daar wel bestaan.

11

Probleemoplossing en besluitneming

> Die wyse waarop ouers probleme in hulle eie lewens oplos, die mate waarin hulle in staat is om volwasse besluite te neem en uit te voer, verantwoordelikheid kan dra en keuses kan maak medebepaal in 'n betekenisvolle mate 'n kind se eindelike lewensukses.

Die meeste kundiges definieer intelligensie onder meer as die vermoë om probleme op te los.

Probleemoplossing

Wetenswaardig genoeg is die volgende opmerking van Owen in verband met probleemoplossing, wat deesdae die modewoord in elke vak geword het:

> Real problem solving aims to involve groups of children (perhaps a whole class or a whole school) in a problem which is of importance to them all and, if it is solved, will have outcomes of benefit to them all.

Wie ken nie die trane van frustrasie wanneer jy voor 'n "onoorkomelike" probleem te staan kom nie? As jy nie jou verstand behoorlik inspan om probleme op te los nie, veroorsaak jy dikwels vir jouself onnodige en groot moeite.

Probleemsituasies kan wissel van enkelvoudige probleme soos

- 'n moeilike som
- die ontleed van 'n moeilike gedig
- onvermoë om feite te onthou
- watter vrae om in 'n eksamenvraestel te doen

tot meer omvattende, abstrakte probleme soos

- die keuse van vriende
- die keuse van 'n politieke party
- die keuse tussen reg en verkeerd
- vrae oor lewe ná die dood.

Daar is sekere riglyne wat vroeg reeds aan kinders voorgehou kan word aan die hand waarvan hy later in sy lewe probleemoplossings kan benader:

- Maak altyd seker dat die kind oor genoeg voorkennis beskik sodat hy die probleem kan verstaan. Jy kan hom selfs help deur aan hom genoeg inligting te gee om die probleem uit te wys en te verstaan.
- Help die kind om terug te gryp op soortgelyke probleme wat hy reeds bemeester het.
- Doen moontlike oplossings aan die hand.
- Help hom om probleme van verskeie kante te bekyk.
- Lei die kind daartoe dat hy alternatiewe oplossings oorweeg.
- Verskaf leidende vrae, soos: "Wat sal gebeur as jy dit doen?"
- Laat altyd die kind toe om eers sy eie oplossings aan te bied voordat jy moontlike oplossings aan hom bied.

Die riglyne hieronder bevorder nie slegs die vermoë om probleme op te los nie, maar ook kreatiwiteit en empatie:

- Laat leerlinge van heel kleins af toe om vrae te vra oor die morele en etiese kant van die vakke wat hulle bestudeer.
- Leer leerlinge om oor die toekoms na te dink (my pa het altyd gesê: diegene wat nooit oor die toekoms nadink nie, sal daardeur ingehaal word). Laat hulle spekuleer oor die *moontlike,* die *waarskynlike* en die *verkieslike* toekoms.

- Laat leerlinge betrokke raak by die bestudering en oplossing van lewenswerklike probleme. Selfs heel jong kinders kan bewus gemaak word van pogings vir die bekamping van armoede en hongersnood of om opvoeding vir die minder bevoorregtes te verskaf. Sodoende ontwikkel hulle 'n sosiale gewete en ontdek hulle die konsep van die globale gemeenskap, die interafhanklikheid van alle mense.
- Leerlinge moet geleer word om gereeld en intelligent te lees, die nuus te kyk. Hulle moet die geleentheid hê om nuusgebeure openlik en krities te bespreek.
- Skakeling met leerlinge van ander rasse, dorpe, stede en lande kan hierdie beginsels net bevorder.

Die idee hiervan: Om leerlinge te laat besef dat die keerkant van persoonlike selfverwesenliking altyd diensbaarheid aan ander is.

Deur 'n kind van kleins af te leer om probleme op te los en die korrekte besluite te neem, gee jy rigting aan sy verstand. Ek ken hopeloos te veel potensieel hoogs suksesvolle mense wat as gevolg van 'n onvermoë om probleme te hanteer en reg te kies, in doodloopstrate of hoogs frustrerende beroepe beland het. As ek deur dié boek maar een kind hiervan kan vrywaar, was die moeite nie tevergeefs nie.

Kyk 'n mens goed na die verskillende IK-toetse, blyk dit duidelik dat jy jou intelligensie werklik ingrypend kan verhoog as jy die basiese beginsels van probleemoplossing en besluitneming kan bemeester.

In alle vakke op skool word daar deesdae al hoe meer gefokus op probleemoplossing as dié nuttigste tegniek om 'n vak te bemeester. Effektiewe probleemoplossing geskied aan die hand van die volgende vier stappe:

1. Vra jouself af: Wat presies is die probleem? Watter inligting het ek tot my beskikking? Wat word van my gevra?
2. Vra jouself dan af: Hoe los ek die probleem op? Watter plan kan ek maak? Maak inderdaad 'n plan.
3. Voer jou plan uit.
4. Kyk terug en vra jouself: Hoe het ek gevaar?

Dit werk, al gaan geen mens elke keer so stap-vir-stap en logies te werk wanneer probleme opduik nie.

Besluitneming en keuse-uitoefening

Tot elke verslag wat ek as sielkundige skryf, of ek nou beroepskeusevoorligting doen en of ek 'n outjie deur middel van terapie probeer help om van sy selfmoordneigings af te sien, voeg ek die volgende sin by:

> Die verantwoordelikheid vir die finale keuse berus egter by (Pieter) en by hom alleen. Hy sal eindelik self moet kies en sy keuse ten uitvoer moet bring (met die hulp en steun van die betekenisvolle mense in sy lewe). Geen mens kan of mag vir of namens 'n ander so 'n belangrike keuse doen nie.

Ek leer my studente ook dat menslike keuses altyd verantwoordelik en verantwoordbaar moet wees.

Verantwoordbare keuses

'n Keuse kan as verantwoordbaar beskou word wanneer 'n mens jou persoonseienskappe (jou verstandsvermoë, jou liggaamlike vermoëns, jou sosialiteit asook jou geestelike dimensie) in ag geneem en verreken het voordat jy vir of teen iets gekies het. Dit beteken dat 'n outjie wat 100 kilogram weeg byvoorbeeld nie 'n jokkie sal kan word nie! Of dat 'n outjie wat in matriek steeds 35 % vir wiskunde kry realisties genoeg sal wees om te besef dat sy kanse op keuring vir medies uiters gering is. Of dat iemand wat herhaaldelik woede-uitbarstings ervaar darem kwalik die bediening sal kan betree, tensy iemand hom help om aan hierdie aspek van sy persoonlikheid te verander.

Verantwoordelike keuse

Wat is verantwoordelikheid ten diepste? Die sleutelwoord hier is *antwoord*. Wanneer jy besef dat jou keuse die antwoord op 'n roepstem is, kies jy verantwoordelik.

Wie roep jou om te kies? God roep jou. Jou medemens roep jou. Jou persoonseienskappe roep jou.

Die kind word van kleins af met keuses gekonfronteer (mits hy toegelaat word, bygesê). Hy moet besluit:

- watter klere hy gaan aantrek
- met watter speelgoed hy gaan speel
- watter lekkers hy wil hê
- of hy saam met sy pa en ma wil ry of nie
- met wie hy wil speel
- aan watter aktiwiteite hy voorkeur gee.

Vanselfsprekend is dit 'n vermoë wat oor jare heen ontwikkel word en nie 'n vinnige proses nie. Naudé noem enkele maniere waarop jy jou kind kan help leer om besluite te neem:

- Beperk sy aantal keuses.
- Laat die kind redes verskaf vir sy besondere keuses, met ander woorde, laat hom opnoem wat hy daarvoor en daarteen het.
- Gee die kind raad.
- Wees baie versigtig om aan 'n kind te sê dat sy keuse reg of verkeerd is – onthou, dis sy keuse.
- Gee die kind ruim geleentheid om die effek van sy keuse te beleef. As hy ongelukkig daarmee blyk te wees, bespreek dit met hom.
- Moet die kind nie voor te ingewikkelde keuses stel nie. Onthou in dié verband dat 'n klein kind byvoorbeeld nie eens by benadering in staat

is om tussen sy ouers te kies nie. Om sulke moeilike keuses aan hom te stel, grens aan kindermishandeling.

Kinders moet ontdek dat daar soms duidelike redes vir keuses is en soms minder voor die hand liggende redes. Anders gestel: daar is verskuilde en manifeste redes vir keuses. Besluitneming behoort van beide af te hang. Die vermoë om besluite te neem en dit ten uitvoer te bring, is onder alle omstandighede 'n besondere bate. Dit berei enige mens in 'n groot mate voor vir belangrike keusemomente later in sy lewe (soos wanneer hy sy huweliksmaat of beroep moet kies).

12

'n Positiewe lewenshouding en die vermoë om doelwitte te stel

> 'n Persoon met 'n positiewe lewenshouding, iemand wat in staat is om op die kort-, medium- en langtermyn vir homself haalbare doelwitte te stel en hard te werk om hierdie doelwitte te bereik, wat sy lewe deeglik beplan, is op pad na die sterre in sy lewe.

Negatiwiteit, soos kommer en vrees, begin gewoonlik as 'n pieperige stroompie in jou gemoed, waarskynlik iewers in jou kinderjare, en word later 'n rivier met 'n baie diep en ongelukkige loop in jou lewe. Dit raak soms so patologies (sieklik) dat dit jou hele lewe, jou gesondheid en jou geliefdes nadelig beïnvloed. Dit dreineer in elke geval soveel geestesenergie en maak jou by tye so angstig, dat dit jou verhoed om bykans enige aktiwiteit met die maksimum sukses te voltooi.

Om hierdie diep loop uit jou gees te verwyder, is nie maklik nie en geskied nie oornag nie. Dit kán egter gedoen word. Om die waarheid te sê, jy kan enigiets met jou gees doen indien jy graag genoeg wil. As jy dit met jou hele hart begeer om na die sterre te reik, sal jy hulle bereik.

Hoe word 'n mens weer positief? Deur geloof te hê. Deur te glo in jou

Skepper, in jouself. Hoe glo jy? Deur 'n klein stroompie geloof, hoop, liefde, moed in jou eie lewe oop te draai. Begin net iewers, en ek sê weer: die moeilikste deel van enige tog is die eerste tree. Hoe onbenullig jou geloof en die effek daarvan aanvanklik mag voorkom, ek versoek jou: hou aan en aan en aan. Geloof is die een krag wat veel sterker is as negatiwiteit, vrees en kommer. Indien jy hard genoeg hieraan werk, sal jy iewers langs die lewensweg vind dat hierdie stroom later die stroom van negatiwiteit laat wegkalwe.

'n Positiewe lewenshouding

Enkele wenke om 'n positiewe lewenshouding te bevorder: Hou jou taal positief en verwag dieselfde van jou kind. Enkele voorbeelde hiervan is die volgende:

- As 'n literbeker 500 ml water in het, klink halfvol mos veel beter as halfleeg!
- "Maak aan die kant jou vieslike kamer of ek hok jou vir die res van die maand," klink darem veel erger as: "'n Glas koeldrank as jy jou kamer aan die kant gemaak het."
- "Ja, ja, kom nou tot die punt. Niemand het tyd om heel aand na jou storie te luister nie," gee darem 'n baie slegter sein as: "Jy aard regtig na my. In my entoesiasme om 'n storie te vertel, neig ek ook soms om te veel daarvan te wil vertel."

Moet jouself nooit beledig nie, moet nooit negatief oor jouself of ander praat nie en dring daarop aan dat ander mense hierdie reël in jou teenwoordigheid ook gehoorsaam.

Die stel van doelwitte en beplanning

Potgieter en Van der Merwe sê in hulle boek *Getting your mind over the net* die volgende in verband met die stel van doelwitte:

> Goal-setting is an ongoing and systematic process. In the beginning you may find the task tedious, but, as with most skills, it will become second nature to you. Achieving goals will promote a feeling of confidence and strengthen your motivation. Set your goals in such a way that later, you will be able to determine whether you have actually achieved them.

In sy boek *My kind 'n wenner* wys Lamprecht daarop dat die kind in die eerste plek teen homself moet kompeteer. Hy moet leer om langtermyndoelwitte (soos die ideaal om 'n dokter te word) in 'n aantal kort- en mediumtermyndoelwitte in te deel. Op die mediumtermyn moet hy slim genoeg wees en goed genoeg presteer om matriek baie goed te slaag ten einde keuring vir mediese studie te kry. Op die korttermyn moet hy reeds in standerd ses of vroeër goeie toets- en eksamenpunte in vakke soos wiskunde en wetenskap behaal. Elke kind, elke mens moet vir homself sekere doelwitte stel: As jy 'n sekere pad na die tennisbaan begin volg, dan raak dit 'n gewoonte sodat jy dit later volg sonder om eens daaroor na te dink. Jou doelwit help om jou pogings in 'n bepaalde rigting te fokus. Wanneer 'n mens op een terrein slaag, slaag jy gewoonlik op ander terreine ook. Ek kan nie help om te dink aan John, vir wie sy wiskundeonderwyser op 'n dag teruggehou het nie:

> Johnny, jy is so 'n aangename mens. Jy doen soveel moeite om 'n plesier in my klas te wees. Ek weier eenvoudig om te glo dat jy nie ook so positief oor jou wiskunde kan wees nie.

Johnny is vandag self 'n wiskundeonderwyser wat besonder suksesvol is. Ek kan talle voorbeelde noem van leerlinge wat in een vak, in een sport of in debatvoering begin presteer het en daarna uitgestyg het. Daar is ook Pieter, wat na twee maande op universiteit vir my kom sê het dat hy (sewe onderskeidings in matriek ten spyt) net nie meer kans sien vir studie in ingenieurswese nie. Na beraadslaging het ek en hy ooreengekom op die volgende doelwitte:

- Hy onderneem om sy bes te doen om sy volgende toetsreeks goed deur te kom.
- Dan probeer hy om teen Juniemaand al sy vakke goed te slaag.
- Teen die einde van die jaar probeer hy om alle vakke goed deur te kom.

Daarna sou ons finaal besluit of dit wenslik is om voort te gaan. Nodeloos om te sê, teen die einde van die jaar was daar geen keer meer aan hom nie en hy is vandag 'n hoogs suksesvolle ingenieur.

Neem enige mens se doel in hierdie lewe weg, en jy neem alles van hom weg. Kyk gerus wat gebeur wanneer 'n vrou haar man, 'n kind sy ouers, 'n seun sy meisie verloor: die lewensin self begin wankel. Die lewensuitdagings wat gister nog haalbaar was, is vandag bergspitse.

Bettie Youngs beklemtoon egter die feit dat jy eers vir jou die volgende vrae behoort af te vra en daarna doelwitte neerlê:

- Waar presies lê jou kind se sterk punte? Maak seker dat jou kind se doelwitte bereikbaar is. As dit beteken dat jy hom ten duurste moet laat evalueer, met baie mense hieroor moet gaan gesels, is dit die moeite werd. Een van die heel mooiste voorbeelde hiervan is Johan. Toe hy na my gekom het, was hy een van die doelloosste skepsels wat ek nog teëgekom het. Op die een of ander manier, om die een of ander rede wat ek self werklik nie heeltemal begryp nie en waarvoor ek nie die krediet wil opeis nie, het my "vermaning" aan hom dat hy sy Godgegewe roeping sal mis indien hy nie sy superieure verstandsvermoë verwerklik nie, op besonder vrugbare aarde geval. Hy het merkwaardig verbeter van 'n ongemotiveerde mens tot 'n doelgerigte, uitnemende presteerder.

- Waaroor voel jou kind baie sterk? Waarom wil hy graag 'n bepaalde doel bereik? Wat is die voordele daaraan verbonde? Is dit die tyd en moeite werd? Om maande aaneen te swoeg om 'n blokkiesraaisel te voltooi is goeie verstandsoefening, maar wanneer dit jou eksamenvoorbereiding so in die wiele ry dat jou punte dramaties daal, word die verkeerde prioriteite beklemtoon.

- Wat boei jou kind?

- Watter geleenthede het jou kind tot sy beskikking? Laat ek dit onomwonde stel: wat jy van jou kind verwag, sal in 'n groot mate sy doelwitte in die lewe help bepaal. In dieselfde asem egter: moet asseblief nooit toelaat dat jou persoonlike (moontlik heel onrealistiese) aspirasies jou kind s'n word nie. As jou kind werklik iets wil doen, sál hy, maar veel minder so as die doel eintlik jóú hunkering na die vervulling van jou eie onvervulde drome is.

Ek versoek ouers wat kinders na my bring vir beroepsvoorligting herhaaldelik om hulle kinders na 'n gebalanseerde dokter, psigiater, onderwyser, predikant, ingenieur, elektrisiën, dosent te neem en met hom oor sy beroep te gesels. Ek gee verder jaarliks vir een van my klasgroepe die opdrag om drie suksesvolle persone op enige lewensterrein te nader en uit te vind omtrent die redes vir hul sukses, lewensgeluk, prestasies. Ek kan die versekering gee: bykans elke student sê vir my dat dit een van die mees sinvolle en leersame ervarings van hulle hele universiteitsloopbaan is.

Ek wil ten slotte aanbeveel dat jou kind elke doelwit iewers neerskryf, iewers waar hy herhaaldelik daarna kan kyk. Dit help hom nie net in die sin dat dit hom verplig om sy gedagtes te orden en duidelik te verwoord nie; dit gee ook vir hom die geleentheid om te evalueer in watter mate hy suksesvol was of nie en om die nodige veranderinge aan te bring.

Laastens: Beloon jou kind vir sy pogings. Onthou gerus dat luiheid, volgens kundiges, een van die heel moeilikste lewenshoudings of persoonseienskappe is om te verander. Die suksesvolste wyse om dit te bewerkstellig, is volgens alle verslae om elke taak aanvanklik in klein doelwitte op te breek, en om jou kind by voltooiing van elke kleiner doelwit toepaslik te beloon vir sy sukses (of dan om sy gedrag toepaslik te versterk). Daar is min dinge wat meer bevredigend is as om doelwitte te stel en te bereik. Vra gerus vir enige suksesvolle persoon.

Wat beplanning betref: elke keer wanneer ek 'n leerling toets vir voorligting van watter aard ook al, toets ek tegelykertyd ook sy studieoriëntering. Ek kan dus met die grootste oortuiging die volgende hier sê: daar bestaan 'n besonder noue verband tussen swak beplanning, swak prestasie, probleme met beroepskeuse en, eindelik, minder lewensgeluk as waartoe iemand in staat is. My raad aan skoliere is die volgende: Kry aan die begin van elke jaar vir jou 'n jaarbeplanner waarop jy eindelik jou *hele* jaar se aktiwiteite beplan en hang dit dan teen jou kamermuur op – daar waar jy nie anders kan as om herhaaldelik daarteen vas te kyk nie. Vergelyk ook die volgende twee leerlinge se beplanning:

Piet	**Gert**
Beplan om eendag 'n lekker werk met baie geld te hê.	Beplan om – in standerd agt wiskunde, natuur- en skeikunde, biologie en rekeningkunde saam met die twee tale te neem (alle vakke op hoër graad)

- standerd 10 met 'n gemiddeld van 85% te slaag ten einde keuring vir medies te verkry
- aan die Universiteit van Pretoria te gaan studeer
- eindelik te spesialiseer en hom in Pretoria te vestig, as dit die Here se wil is.

Natuurlik sal daar baie water in die see loop voordat Gert die sterre in sy lewe bereik, sy ideale 'n werklikheid word, maar sy lewe is ten minste deeglik beplan – anders as dié van Piet – en hy kan van tyd tot tyd aanpassings maak waar nodig.

13

Selfvertroue en die vermoë om in 'n span te kan werk

> Iemand met genoeg selfvertroue om homself vir sy medemens te gee, wat sy eie belange ondergeskik aan dié van die groep kan stel, is 'n wenner.

Ek glo dat die mens wat homself in groepsverband kan handhaaf, oor genoeg selfvertroue beskik om hom elders ook te handhaaf. Hoe lyk 'n kind met selfvertroue?

Selfvertroue

Waarom sê 'n kind vir jou dinge soos die volgende:

- Ek kan nie
- Ander doen dit beter as ek
- Ek sal dit tog nie regkry nie
- Ek is nie seker nie
- My antwoord is seker verkeerd
- Ek is bang om te probeer
- Ek gaan dit nie eens probeer nie?

Die kind se kreet is: Help my, ek het 'n gebrek aan selfvertroue.

'n Kind met selfvertroue is 'n kind wat selfrespek het, maar ook respek het vir ander. Herken jy dalk die volgende eienskappe in jou eie kind? Hy is iemand wat

- glo in homself as mens, in sy vermoëns en oortuigings
- selfgeldend kan optree maar tog ook bereid is om aan ander 'n kans te gee
- onafhanklik en skeppend wil wees
- vertroue het in sy eie menings en gevolgtrekkings
- in 'n groep wil *deelneem* eerder as om net passief te luister – en vry voel om sy mening te lug, al verskil hy van ander
- sy eie kop volg wanneer hy 'n ander mening huldig
- tog na ander se idees luister, dit bedreig hom nie
- maklik vriende maak
- nie behep is met persoonlike probleme nie
- bereid is om te waag – fisiek en psigies (met ander woorde, op die sportveld én in die klaskamer)
- gemotiveerd is om te wen, maar bereid is om te verloor en daaruit te leer
- nie oordrewe selfbewus is nie.

Hierdie selfvertroue word versterk deur ouers wat die volgende instelling toon. Hierdie ouers

- het self 'n goed ontwikkelde selfbeeld
- het genoeg selfvertroue
- is emosioneel stabiel
- is op hul gemak in die hantering van hulle kinders
- openbaar 'n positiewe gesindheid en gedrag teenoor hul kinders
- pas maklik aan by veranderende omstandighede
- openbaar 'n aanmoedigende en ondersteunende houding teenoor hul kinders
- moedig selfstandigheid en emosionele onafhanklikwording by hul kinders aan
- handhaaf duidelike reëls tuis, leer hul kinders om die reëls te gehoorsaam – en hou self daarby
- gee toepaslike erkenning aan kinders se regte en menings

- pas die volgende reël ten opsigte van tug konsekwent toe: "Die straf moet by die oortreding pas".

Die selfvervullende profesie

Wat het dit nou alles met *megavaardighede* te doen?

Daar is 'n besonder nou verband tussen 'n kind se selfbeeld en sy prestasie. Vaar hy swak op skool – al is dit ook weens luiheid – glo hy gou dat hy "dom" is en verkry hy 'n minderwaardigheidsgevoel.

Dit klink dalk oneties, maar die volgende eksperiment lewer keer op keer dieselfde resultate: 'n onderwyser sê vir die helfte van sy klas dat hulle 'n lae IK het en vir die ander helfte dat hulle 'n hoë IK het. Onafwendbaar presteer die ouens met die hoër IK dan beter. 'n Sielkundige toets 'n klas en sê vir die onderwyser dat hy meer moet verwag van 'n sekere groep leerlinge (hoewel dit nie die geval is nie) en dat hulle beter sal presteer, en dan doen hulle dit ook. Die ander groep, van wie verwag word om swakker te presteer, presteer dan ook swakker, al is die groep ook hoe willekeurig verdeel sonder enige noemenswaardige verskil in IK.

Ek doen jaarliks die volgende eksperiment met my eie studente (almal gegradueerd, met wiskunde ten minste op derdejaarsvlak): Ek deel die groep willekeurig in twee gelyke dele en neem hulle na verskillende lokale. Dan deel ek aan die twee groepe dieselfde voltooide wiskundetoets uit, maar aan die een groep sê ek dat dit die toets van 'n outjie met 'n lae intelligensie is, iemand wat maar swak doen, terwyl ek aan die ander groep sê dat dit die toets van 'n baie intelligente leerling is, iemand wat hard werk vir 'n onderskeiding. Die resultaat is volkome voorspelbaar. Die groep met die "beter" leerling se toets ken 'n aansienlik hoër punt toe as die groep met die "swakker" leerling se toets.

Die kind wat deur negatiewe suggestie geïndoktrineer is, sal onder sy vermoë presteer. Gepaardgaande hiermee het hy gewoonlik 'n laer aspirasie- en prestasiepeil. Kortliks kan dit so saamgevat word:

- Die kind wat tuis leer werk, leer om in homself te glo, ontwikkel 'n beter selfbeeld en staan 'n beter kans om ook op skool harder te werk.
- Die kind met 'n beter selfbeeld en wat op skool harder werk, gaan beter presteer.
- Die kind wat beter presteer, ontwikkel hoër aspirasies, verkry toelating tot meer gesogte studie- en beroepsrigtings en staan 'n veel beter kans om eindelik lewensgeluk te smaak.

Jy het waarskynlik gemerk dat ek 'n sterk verband lê tussen selfvertroue, prestasie en, ja, natuurlik, harde werk.

Die vermoë om in 'n groep te werk

Hoe lyk 'n groep? Op skool deel maats gewoonlik dieselfde *hang-ups* (probeer gerus self die woord vertaal!); te wete: komplekse oor neuse, vet, skewe tande, puisies, klere wat nie so *cool* is as ander s'n nie (in die geval van seuns), bene en liggame wat nie gespierd genoeg is nie, onvermoë om hulle sê binne die groep te kan sê, die vrees om as 'n *nerd* of 'n *gig* bestempel te word, vrees dat hulle nie (meer) deur die groep aanvaar word nie. My raad aan sulke tieners (van wie ek talle sien) is: skryf jou *hang-ups* neer – in 'n brief aan iemand (waarin jy jou hart oor jou probleme uitstort) of op 'n stukkie papier waarvan jy later maar weer ontslae kan raak. Maar maak intussen vrede met jouself. Dit is belangrik dat jy eers van jouself probeer hou voordat jy realisties kan verwag (en veral glo) dat ander van jou hou. Indien daar dinge is waaraan jy later kan laat verander (desnoods deur kosmetiese chirurgie, soos in die geval van jou neus), maak dit 'n doelwit om dit later reg te stel. Kry gerus vir jou 'n rolmodel, veral iemand wat jou eie "tekortkominge" het en tóg 'n sukses is. Waarom ag ek dit nodig om hierdie dinge te sê? Onthou dat jou maats deur presies dieselfde stryd en onsekerheid as jy gaan. Help hulle daardeur. Komplimenteer kleredrag, figuur, bene, 'n mooi laggie, 'n gevatte opmerking, akademiese en sportprestasies, toon simpatie en empatie. Help hulle om van hulself te hou en hulle sal ook meer van jou en jou sterk én swak punte hou.

In enige klas op skool, selfs in 'n wiskundeklas, behoort daar pogings aangewend te word om in spanverband te werk, klaskamergesprekke te voer (sodat sekere uitdrukkingswyses, terme en/of verduidelikings in die betrokke klaskamer aanvaarbaar raak), te kommunikeer, want dit is goed vir elke kind om sy gedagtes te verwoord en te kodeer (neer te skryf).

Hoe lyk mense wat in groepsverband kan saamwerk? Hulle is hulpvaardig en nie hulpeloos nie; hulle is bereid om op te offer; hulle lag *saam met* ander en nie *vir* hulle nie; hulle eis nie al die lof/krediet net vir hulleself op nie; hulle weet wat groepsgees is, probeer dit bevorder en deel dit met hulle maats. Ek het eenmaal 'n skool se matriekklas gehelp met ekstra wiskundeklasse en was aan die einde van die jaar verstom om te sien dat die klas se gemiddeld met sowat 28% gestyg het oor 'n tydperk van ses maande. Ek is nie oorbeskeie as ek sê dat daardie klas se besluit om my raad te aanvaar en Saterdagoggende 'n "besprekingsgroep" te stig, om in spanverband te werk, 'n besondere bydrae tot hierdie lofwaardige styging gelewer het nie.

'n Lid van 'n rugbyspan wat die Direkteurstrofee vir rugby gewen het, het enkele maande daarna die span se sukses soos volg teenoor my opgesom:

> Ons afrigter het vir ons gesê dat ons nie realisties op sukses kan hoop voordat ons nie eers werklik geleer het om vir mekaar om te gee nie. Toe ons die beginsel eenmaal ons eie gemaak het, kon ons as 'n span die beker wen.

Om in 'n groep te kan werk, beteken ook dat jy *nie selfsugtig sal wees nie,* dat jy sal weet om ander se belange nie as minder of meer belangrik as jou eie te beskou nie.

Navorsing bewys keer op keer dat kinders wat nie in groepsverband kan saamwerk nie, later in hulle lewens meer probleme as ander ervaar: *Drop-out* in die hoërskool, jeugmisdaad, depressie, oneervolle militêre ontslag, aanmelding vir psigiatriese hulp en selfmoordpogings kom veel meer dikwels onder eersgenoemde groep voor. Met ander woorde, daar bestaan 'n besonder sterk verband tussen leerlinge se vermoë om noue vriendskapsbande te stig, te behou en te bevorder enersyds en hulle vermoë om later goed met ander oor die weg te kom en hulle latere lewensgeluk andersyds. Elke kind, mens en ouer moet verder besef dat die ware toets vir vriendskap juis aanbreek op die dag dat vriende nie meer saamstem oor sake nie. Die manier waarop konflik hanteer word, sal per slot van sake bepaal of 'n vriendskap voortgesit en of dit beëindig sal word.

Op 'n dag het ek vir 'n meisie gevra waarom sy en haar koshuismaats so geheg is aan hul primaria. Sonder om te dink het sy geantwoord: Omdat sy so lief vir ons is. Is dit nie ook die essensie van ons Meester se boodskap nie?

14

Persoonlike geroepenheid

> Wanneer iemand ontdek dat die lewe doel, sin en betekenis het, begin hy om self verantwoordelikheid vir sy doen en late, sy eie lewe, te aanvaar.

Iemand het geskryf dat elke mens iewers langs die lewenspad die gevaar loop om sy geloof in sy Skepper te verloor, maar dat hy nooit die behoefte aan geloof in Iemand groter as hyself verloor nie.

Is dit so belangrik om na die sterre in jou lewe te reik?

Hier, na aan die einde van hierdie boekie, wil ek weer die vraag vra: Waarom is dit nou eintlik belangrik om na die sterre in ons lewens te reik, om te word wat ons werklik kan? Ek laat Feldman antwoord, wanneer hy verwys na kinders wat uitsonderlik presteer:

> Die wonderkind … suggereer vir ons waarom ons hier is en wat ons probeer bereik … Ek glo dat die wonderkind vir ons iets spesiaals in verband met die sielkundige redes vir menslike ontwikkeling te vertel het – naamlik hoe menslike potensiaal vervul (kan) word.

Ek kan in my persoonlike lewe hiervan getuig. Meer as enigiets anders motiveer die gevoel dat ek 'n roeping het, 'n sending het, dat God vir my persoonlik 'n werk het om af te handel, om die uitdagings wat hierdie lewe bied, aan te pak; om sin te maak van my kortstondige bestaan op hierdie planeet.

Elke mens met 'n idee van persoonlike geroepenheid weet wat hy wil doen; is in staat om vir homself spesifieke doelwitte daar te stel. So 'n mens ervaar gewoonlik innerlike vrede, dankbaarheid vir die voorreg om te kan werk, ken homself beter, is gemotiveerd, *wil* lewe, wil van sy wêreld 'n beter plek maak op sy eie, beskeie manier.

Ek kan die belangrikheid hiervan regtig nie oorbeklemtoon nie. Kinders wat weet dat die lewe sin het, dat hulle 'n persoonlike roeping het, het 'n beter selfbeeld, werk harder, is beter gemotiveerd, presteer beter, ervaar meer lewensgeluk, is geestelik meer gesond as hul maats. Anders gestel: neem hierdie besef dat die lewe sin en betekenis het weg, en dit verbaas my min dat so 'n kind geestelike probleme begin ervaar. Ek stel dit ook onomwonde: ek is nie skaam nie om te sê dat my eie lewe sin maak net omdat ek in Christus glo, omdat die wonder van die Christelike godsdiens, dit wat Jesus my leer, my hele lewe rig. Ek is nie skaam nie om te sê dat die wonderlike Christelike boodskap vir my die verskil tussen 'n sinvolle en sinlose lewe en sterwe beteken; dat alles eintlik sin maak omdat ek glo.

'n Mens wat weet dat hy geroepe is, het *insig*.

Insig

Noem dit wat jy wil: metakognisie, denke oor jou eie denke, wysheid. Ek verwys na die megavaardigheid insig; daardie een karaktereienskap wat werklik 'n verskil kan maak. Die woord metakognisie verwys na daardie maatreëls of metodes (metaleer en metadink) wat 'n mens volg om seker te maak dat hy effektief dink en leer. Dit sluit vier stappe in:

- Beplanning.
- Selfmonitering: dit beteken dat jy elke nou en dan as 't ware uit jouself moet tree, opsy moet staan en jou poging objektief moet bekyk.
- Selfevaluering. Selfevaluering gaan nog 'n stap verder as selfmonitering. Jy moet ook met jouself eerlik kan wees en kan sê: Ek weet nie/ek is jammer, ek het gefouteer/ek het hulp of raad nodig/my insig skiet tekort/ek was nie eerlik nie/ek het nie hard genoeg probeer nie.
- Regstelling van foute. As jy foute of leemtes ontdek, moet jy ook jou foute kan regstel. Indien dit beteken dat jy 'n taak heeltemal moet oor-

doen, dan doen jy dit. Indien dit beteken dat jy vir iemand om verskoning moet gaan vra, dan doen jy dit. Indien jy vir iemand moet gaan sê dat jy jammer is, dan moet jy groot genoeg wees om dit te doen. Indien jy moet erken dat jy iets nie weet nie, dan sê jy dit.

Insig beteken egter ook dat 'n mens onder andere die volgende sal besef:

- Dat die lengte van 'n mens se hare, of 'n man 'n oorbel dra of nie, niks van daardie persoon se karakter sê nie. Ons moet altyd onderskei tussen dit wat erg tydelik is en dit wat permanent is: Naasteliefde, hoop, geloof, liefde – dit het ewigheidswaarde; haarlengte, musieksmaak – dit is baie tydelik.
- Ons moet nooit te slim of te alwetend probeer wees nie, eenvoudig omdat ons dit werklik nie is nie. Vandag se waarheid is dalk môre se onkunde. Ons hoef, in die lig van die veranderende politieke klimaat in ons eie, mooi land, nie ver te soek na voorbeelde om hierdie stelling te staaf nie.
- Ons moet nie swaar laste op ander se skouers plaas en nie bereid wees om dit self te dra nie. Wanneer ek as volwassene 'n roerende pleidooi lewer teen drank, voorhuwelikse seks en smerige grappe, maar daarna 'n sigaret opsteek en dalk self saamwoon met iemand, dan rig ek eindelose skade aan.
- Wanneer ek iewers langs 'n rugbyveld, 'n tennisbaan of waar ook al staan en ek gaan myself te buite, beledig my teenstanders ter wille van 'n oorwinning, dan mis ek die doel van alles skromelik. Die ontwikkeling van my liggaam, die verwerwing van goeie menseverhoudinge ontspanning – dít het langdurige betekenis. Die telling gewis nie.

Alles, alles wat ons doen, word beïnvloed deur ons waardes.

Geroepenheidswaarde

In my Bybel roep God my op tot werk, sê Hy vir my dat ek die opdrag het om te werk.

Leerlinge en studente wat sukkel om te verstaan hoe dit lekker kan wees om te werk, kry die boodskap kristalhelder wanneer ek hulle na 'n inrigting neem waar daar pasiënte is wat gebroke is en nie langer sinvolle arbeid kan verrig nie, wat met erge breinskade die wêreld binnegekom het, wat iewers langs die lewenspad ernstige breinskade opgedoen het, wat ernstige psigiatriese probleme opgedoen het en nie meer sinvol kan werk of leer nie. Ek doen dit soms as deel van 'n omvattende terapie/strategie. Ek neem groepe studente na sulke inrigtings (weliswaar wys ek hulle daarop dat ek die inrigtig uit 'n terapeutiese perspektief, uit 'n voorligtingsperspektief, 'n onderwysperspektief, 'n sielkundige perspektief wil bekyk – met ander woorde, ek wil weet watter terapieë kan vir die mense gegee word, watter beroepsmoontlikhede bly daar nog vir hulle oor, watter vlak van onderwys en opvoeding kan hulle bereik, watter sielkundige/fisieke afwykings kan ons identifiseer) en vind elke keer dat hulle as ryper, meer gemotiveerde, dieper mense daar weggaan; mense met 'n diep oortuiging van geroepenheid – dat God hulle roep tot sinvolle arbeid, tot die besef dat hulle die taak het om van hulle wêreld 'n beter plek te maak.

Die oomblik toe ek self besef het dat ek 'n persoonlike roeping het, wat nie noodwendig beteken dat ek 'n predikant hoef te wees nie, het my persoonlike sending in hierdie lewe begin vorm aanneem. Jy lewe vir ander, vir God, ter wille van 'n beter wêreld, 'n rooskleuriger môre.

Selfverwesenlikingswaarde

Hierdie hele boekie gaan eintlik oor selfverwesenliking. Ek wil net iets byvoeg. Die essensiële boodskap hier is: *Dit maak nie saak hoeveel talente jy ontvang het nie. Dit maak slegs saak wat jy daarvan maak.*

Instellingswaarde

In elke mens se lewe is daar sekere onvermydelike vrae soos: Waarom is ek langer/korter as wat ek graag wil wees; nie so intelligent as wat ek wil wees nie; is my ouers behoeftiger as my maats s'n? Daar is net een antwoord op al hierdie moeilike vrae. Deur jou persoonlike lewensingesteldheid sal jy die onvermydelike moet aanvaar en sin moet maak van alles. Daar is in elk geval genoeg positiewe reste in enige "gewone" mens se lewe dat dit maar weer 'n geval is van sorg vir die minute en die ure sal vir hulself sorg.

Sosiale waarde

Enige taak wat verrig word, is in 'n mate diens aan jou medemens. Sodra 'n mens jou medemens begin sien as iemand wat jou op sy besondere manier help (of hy jou predikant, jou onderwyser, jou koerantverkopertjie, jou tuinwerker is – dit maak nie saak wat nie), begin sy totale houding en instelling jeens ander mense verander. En die hoogste vorm van diens sal altyd diens aan die mens in nood wees. In my persoonlike lewe het ek die volgende geleer: wees bereid om na mense te luister, ook ná die gewone werksure, juis wanneeer hulle werklik behoefte aan hulp het. Wat 'n wonderlike boodskap, wat 'n wonderlike voorreg om daar te kan wees vir ander wanneer hulle jou werklik nodig het.

Dankbaarheidswaarde

Daar is mense wat nie wil werk nie, mense wat nie tevrede is met hulle werk nie, mense wat weier om te werk, mense wat werk as 'n straf beskou, mense wat net nie aanvaar dat hulle dankbaar moet wees vir die geleentheid en voorreg om te werk nie. Ek stel dikwels voor dat ouers van kinders wat nie wil leer nie of nie wil werk nie hulle kinders vir 'n dag of meer verplig om niks te doen nie. Dit is gewoonlik baie versoberend, vir ouers en vir kinders. Van ouers en onderwysers vra ek dat hulle nooit, maar nooit, vir 'n kind werk as straf vir wat ook al gee nie; van kinders dat hulle nooit werk of leer as straf sal beskou nie. Daar is talle maatreëls wat getref en probeer kan word om 'n kind weer fluks te kry (lees meer hiervan in my boekie, *Leer jou kind lewe*). Straf in die vorm van (ekstra) werk is gewis nie een daarvan nie.

Lewensvereisende waarde

Die lewe vereis dat ons geld verdien en geld vra vir ons dienste. Dis reg en billik en geen mens kan 'n ander sy billike inkomste misgun nie. Ek maan egter teen 'n lewensingesteldheid dat alles eintlik net om rand en sent draai. Dit is nie gesond nie. Ek onderskei tussen die volgende twee lewensvereisende waardes:

Ekonomiese waardes

Dit is billik en jou reg om te kyk na die salaris wat jou toekomstige beroep gaan bied, na die status wat jy gaan geniet, na die werksekuriteit wat jy gaan ervaar, na die bevorderingsgeleenthede.

Fisiese waardes

Elke mens behoort deeglik ondersoek in te stel na die werksomstandighede, die afwisseling, die fisieke aktiwiteit, die geleentheid tot kreatiwiteit, die mate van verantwoordelikheid waarmee hy vertrou gaan word, die geleentheid wat hy gaan hê om inisiatief aan die dag te lê voordat hy op 'n beroep besluit en om daarna eers 'n finale keuse te maak.

Sin en betekenis in elke kind se lewe

Ek het deurgaans in hierdie boekie verwys na 'n mens se selfbeeld, hoe dit jou help om te reik na die sterre in jou lewe. Laat ek nie nalaat om daarop te wys dat jy 'n ewe groot verantwoordelikheid het om elke mens wat jou lewenspad betree ook te help om sy selfbeeld te verbeter nie.

Kinders se vrae oor die sin en betekenis van hierdie lewe kan soos volg opgesom word:

- Is my lewe 'n reis na die ewigheid of is die lewe my bestemming?
- Wat gaan ek met my lewe doen? Wat is die ware doel van my lewe? Om geld in te samel? Om eendag as 'n ryk man te kan aftree? Om liefdevolle verhoudinge te stig? Om bloot te oorleef? Om die "probleem" van lewe die hoof te bied? Om die lewe as 'n uitdaging en 'n onherhaalbare geleentheid te sien? Is dit dalk om elke dag nader aan God te beweeg, om pyn, lyding, hartseer te sien as haltes op ons lewensweg, ons opgelê na die voorbeeld van Jesus Christus?
- Wat is die grootste vrese in my lewe; wat wek die meeste angs by my? Dat ek eendag moet sterf? Dat alles so verskriklik tydelik is?
- Wat maak my die heel gelukkigste? Dat ek weet die lewe is ter wille van ander, van God, dat ek die unieke geleentheid het om self te kies wat en wie ek wil word, op watter wyse ek van die wêreld 'n beter plek wil maak?
- Wie is ek werklik? Dié mens vir wie ander ken? Die mens vir wie God alleen ken? Iemand wat, al my foute ten spyte, nie net vir myself lewe nie, maar iemand wat die ware skat van die lewe ontdek het? Iemand wat weet: eindelik maak net geloof, hoop en liefde saak, en die liefde bly die grootste van alles? Iemand wat weet: Christus leer my om te lewe, meer as enigiemand of enigiets anders?

Die hele lewe is 'n kort reis na ons eindbestemming. Daar is 'n duidelike beginpunt vir die reis en daar is 'n onafwendbare eindpunt. Elkeen van ons sal geweldig baie beleef op hierdie reis. Of ons eindelik die sterre sal bereik en hierdie wêreld 'n beter plek sal agterlaat omdat ons hier was, of ons 'n Moeder Teresa of 'n Albert Schweitzer sal wees, hang grotendeels van onsself af. Dit loon ons om die woorde van Norah Lofts te onthou:

> Heaven isn't something 'that lies about us in our infancy' and then is lost; nor is it something to be attained by the exercise of impossible virtues. Heaven is something that you can hold in your hand.

Dit is my *cri de coeur,* die kreet uit my hart: Reik na die sterre in jou lewe, ter wille van Jesus, ons helder Môrester.

BRONNELYS

Blocher, D.H. 1987. *The professional counselor.* New York: Macmillan.

Boyd, R. 1990. Academically talented underachievers at the end of high school. *Gifted Education International,* 7(1), 23–32.

Briggs, D.C. 1979. *Selfagting en u kind.* Kaapstad: Human & Rousseau.

Bronowski, J. 1976. *The ascent of man.* B.B.C. London.

Carson, R.C. & Butcher, J.N. 1992. *Abnormal psychology and modern life.* New York: Harper Collins.

Corno, L. 1992. Encouraging students to take responsibility for learning and performance. *Elementary School Journal,* 93(1), 69–83.

Feldman, D.H. 1993. Child prodigies. *Gifted Child Quarterly,* 37(4), 188–193.

Flower, Margaret. 1967. *A third book of modern prose.* London: Cassel.

Jackson, G. 1989. *Dieet en voeding.* Kaapstad: Tafelberg.

Joubert, C.J. (red.). *Beroepsoriëntering.* Pretoria: HAUM.

Maker, C.J. 1993. Creativity, intelligence and problem solving. *Gifted Education International,* 9(2), 68–77.

Maree, K. 1989. *Maak jou kind slimmer.* Pretoria: J L van Schaik.

Maree, K. 1990. *Leer jou kind lewe.* Pretoria: J L van Schaik.

Maree, K. 1992. *Word 'n wiskundewenner.* Pretoria: J L van Schaik.

Maslow, A.H. 1970. *Motivation and personality.* New York: Harper and Row.

Necka, E. 1989. Stimulating curiosity. *Gifted Education International,* 6(1), 25–27.

Neethling, K. 1994. *Kreatiwiteit laat jou wondere verrig.* Pretoria: Benedic Boeke.

Passow, A.H. & Schiff, J.H. 1989. Educating gifted persons who are caring and concerned. *Gifted Education International,* 6(1), 5–7.

Phares, E.J. 1992. *Clinical psychology.* California: Brooks/Cole.

Potgieter, J. & Van der Merwe, K. 1992. *Getting your mind over the net.* Pretoria: J L van Schaik.

Radford, J. 1990. *Child prodigies and exceptional early achievers.* New York: Harvester Wheatsheaf.

Rathus, S.A. 1988. *Understanding child development.* New York: Holt, Rinehart & Winston.

Reynolds, V. 1987. *A practical guide to child development.* Cheltenham: Stanley Thornes.

Rich, D. 1988. *Megaskills.* Boston: Houghton Mifflin.

Shaughnessy, M.F. & Fickling, K.L. 1993. *Gifted Education International,* 9(2), 82–84.

Stewart, J.A. 1991. Why don't girls study mathematics and physical science? *Australian Science Teachers Journal,* 37(3), 18–22.

Teyber, E. 1992. *Interpersonal process in psychotherapy.* California: Brooks/Cole.

Van Wyk, D. 1990. *Skoolwerk sonder spanning.* Pretoria: J L van Schaik.

Whybra, J. 1992. Exceptionally able children. *Gifted Education International,* 8(2), 86–92.

Willings, D. 1992. Burnout among teachers of the gifted and gifted adults. *Gifted Education International,* 8(2), 107–113.

Wood, E. 1989. The teaching of thinking skills. *Gifted Education International,* 6(2), 102–103.

Youngs, B.B. 1991. *The six vital ingredients of self-esteem.* New York: Rawson Associates.